살아있다는 것의 의미

WHAT ALIVE MEANS
- Psychoanalytic Explorations

by Thomas H. Ogden

© 2025 Thomas H. Ogden
All Rights Reserved

Translation Copyright © 2025 by Korean Instituete for Contemporary Psychoanalysis
Authorised translation from the English language edition published by Routledge,
a member of the Taylor & Francis Group.

본 저작물의 저작권은 Routledge와의 독점 계약으로 현대정신분석연구소(구 한국심리치료연구소)가 소유하고 있습니다. 저작권법에 의하여 보호를 받는 저작물이므로 무단전재와 무단복제를 금합니다.

살아있다는 것의 의미

발행일	2025년 11월 3일
지은이	토마스 옥덴
옮긴이	이준호
펴낸이	이준호
펴낸곳	현대정신분석연구소 (구 한국심리치료연구소)
주소	서울시 종로구 새문안로5가길 28, (적선동, 광화문플래티넘) 918호
전화	02) 730-2537~8
팩스	02) 730-2539
홈페이지	www.kicp.co.kr
E-mail	kicp21@naver.com
등록	제22-1005호(1996년 5월 13일)
정가	25,000원
ISBN	978-89-97465-67-5(93180)

살아있다는 것의 의미
정신분석적 탐구

토마스 옥덴
이준호 옮김

목차

	서론 ···	7
1	임상적 실천에서의 존재론적 정신분석 ·················	9
2	살아있다는 것의 의미: 위니캇의 "중간 대상과 중간 현상"에 대하여 ················	32
3	무의식의 개념에 대해 다시 생각해 보기 ············	66
4	분석적 시간의 개념에 대해 다시 생각해 보기 ·········	79
5	환자가 가져오는 것을 돌려주기: 위니캇의 "아동 발달에 엄마와 가족이 담당하는 거울-역할"에 대하여 ········	87
6	숨쉬고 있는 새의 가슴처럼: 위니캇의 "마인드와 심리-신체의 관계에 대하여" ·················	107
7	언어의 여명에서의 변형들 ································	133
8	개인적 삶을 발견하기: 위니캇의 "홀로 있을 수 있는 능력"에 대하여 ················	147
9	한 젊은 작가에게 보내는 편지 ························	166
	감사의 말 ···	*180*
	색인 ···	*182*

서론

도널드 위니캇Donald Winnicott과 윌프레드 비온Wilfred Bion은 1950, 1960, 1970년대에 정신분석의 이론과 임상의 혁명적 변화를 이끌었다. 자기-이해를 증진시키는 것을 수단으로 삼아 정신적 변화를 돕기 위해 헌신하는 실천이었던 정신분석의 변형을 포함하는 혁명이었다. 위니캇과 비온의 손끝에서 정신분석은 환자와 분석가가 함께 창조하는, 자신의 살아 있음과 실재를 경험할 수 있는 환자의 능력을 키우는 과정으로 변형되었다.

　이해하는 것에서 경험하는 것으로 초점이 이동했지만, 이는 자기-이해의 거절을 의미하지는 않는다; 반면에 환자가 이전까지는 살아낼 수 없었던 무언가를 분석가와 함께 경험했을 때 탄생하는 자기-이해는 정신적 변화의 강력한 요인이 된다. 환자가 살아내지 못했던 삶unlived life을 되찾으며 발생하는 정신적 변화에 필수적인 것은 환자 자신이 누구인지, 그리고 누가 되고 있는지를 알아봐 주는 것이다.

　환자는 살지 못했던 삶을 무의식적 갈등, 억압된 충동이나 환상으로 경험하는 것이 아니라, 공허함과 허무감, 자기 삶에 헌존하지 못한 느낌으로 경험한다. 나는 이해하는 것에서 경험하는 것으로 초점이 이동하는 것은, 아는 것과 이해하는 것(정신분석의 인식론적 차원)에서 존재하는 것being과 되는 것becoming(정신분석의 존재론적 차원)으로의 이동을 의미한다고 생각한다. 이 책의 첫 장에서 나는 정신분석의 존재론적 차원을 임상에서 작업하는 나만의 방식을 제시한다.

위니캇과 비온이 시작한 이 정신분석 안에서의 혁명은 정신분석 이론의 많은 요소를 다시 생각해 보는 것을 포함한다. 여기서 위니캇이 정신분석에 기여한 것 중에 가장 중요한 것이 있다: 역설적 사고paradoxical thinking의 사용이다. 중간 대상transitional object과 현상phenomena, 잠재적 공간, 놀이의 경험, 홀로 있을 수 있는 능력, 그리고 모든 종류의 창조성 등의 획기적인 개념들의 근저에는 역설이 있다. 나는 무의식적 분석적 시간의 개념에 대해 다시 생각해 보는 나만의 방식을 제시하며 이런 지적 흐름에 기여한다(3장, 4장).

위니캇의 각각의 논문들은 정신분석을 재작업하는 것에 고유한 기여를 한다. 이 책에서는 분수령이 되는 위니캇의 네 개의 논문에 대한 창조적인 독해를 제공한다. 2, 5, 7, 8장에서는 위니캇에 관해 쓸 뿐만 아니라, 위니캇을 쓴다. 위니캇을 쓸 때는 나는 그가 제안하는 생각들을 정교화할 뿐만 아니라, 그가 제안만 한, 혹은 심지어 그의 마음속에 없었던 것들에 대해 쓴다.

이어서 나는 "살아있다는 것의 의미"의 주제를 의미가 이동되지 않는(전언어에서 언어로) 시기인 언어의 여명dawn of verbal language에서 발생하는 변형들과 연결하여 다룬다(8장); 의미는 창조된다. 완전히 새로운 인지적 경험과 감정 상태들은 생성되며 질적으로 새로운 형태의 살아있음이 탄생한다.

한 젊은 작가에게 보내는 편지로 이 책을 마치며, 여기서 우리가 모든 장르의 글 쓰는 행위에서 삶을 기록하는 것이 아니라, 삶을 창조하는 것에 대해 다룬다.

1 임상 실천에서의 존재론적 정신분석

나는 정신분석이 두 개의 상호-의존적인 차원을 포함하는 치료적 과정이라고 생각한다: 존재하기와 되기being and becoming와 관련된 *존재론적 차원*, 그리고 알기와 이해하기와 관련된 *인식론적 차원*이다(Ogden, 2019, 2020). 사물 대상의 3개의 차원이 구분되면서도 서로 분리할 수 없는 것처럼, 정신분석의 인식론적 그리고 존재론적 차원들은 순수한 형태로 존재하지는 않는다. 이 차원들은 서로 간의 변증법적인 긴장감을 유지한 채 있다: 마치 의식과 무의식적 마음이 서로를 창조, 보존, 부정하듯이 이 차원들은 서로를 창조, 보존, 부정한다. (의식적 마음의 개념이 부재한 상태에서는 무의식적 마음의 상태의 개념은 무의미하다. 이와 마찬가지로 인식론적 정신분석의 개념이 없다면 존재론적 정신분석의 개념은 무의미하다.)

정신분석의 존재론적 차원(존재하게 되기 coming into being)은 인식론적 차원(이해하게 되기)이 진화해 나오는 모체의 역할을 한다. 바꾸어 말하면, 이해는 경험하는 것에서 탄생하지만, 경험하는 것은 이해에서 탄생하지 않는다. 자기-이해를 포함하지 않는 방식으로 존재하게 될 수도 있다. 예를 들어 놀이, 꿈꾸기, 글쓰기, 그리고 다른 모든 창조적인 활동이 있다. 경험하기를 통해 탄생할 때만이 자신을 이해하는 것이 진짜처럼 느껴진다.

정신분석의 존재론적 차원에 대한 임상적 묘사를 통해 드러나겠지만, 나는 자신의 다양한 요소들 간의 무의식적 관계를 다루는 대상관계 이론, 나의 분석적 이론과 실천을 개념화하는 데 필수적인 이 이론에 대해 거의 언급하지 않는다. 또한 분석적 관계에서 무의식적으로 일어나는 것에 대한 느낌을 알게 해 주는 몽상reverie(Ogden, 1994, 2004)에 대해서도 언급하지 않는다. 이것들은 내가 생각하고 정신분석을 실천하는 데 너무나 중요한 요소들이지만, 이번 챕터에서 초점을 맞추려는 것들이 아니다. 반면에 여기서 내가 관심 있게 다루려는 것들은 살아 있음과 죽어있음의 성질들, 실제성과 비실제성realness and unrealness, 자기의 핵심, 혹은 영혼이다. 이들은 모두 무의식적 의미를 이해하기 위해 탐색하는 것과는 다르며 분석적 세팅에서 존재하는 방식을 포함한다(Ogden, 1995).

정신분석의 인식론적 그리고 존재론적 차원들

나는 인식론적 정신분석의 주요 설계자로 프로이트와 클라인, 그리고 존재론적 정신분석의 설계자로 위니캇과 비온을 꼽는다. 프로이트와 클라인은 대체로 꿈과 아동의 놀이의 *상징적 의미*에 관심이 있다면, 위니캇과 비온은 놀이와 꿈꾸기의 경험에 주된 관심을 보인다.

인식론적 정신분석을 특징짓는 기법으로 분석가는 전이의 가장자리에 있는 불안에 대한 언어적 해석을 한다; "프로이트 신조와 기법의 핵심에는 해석이 있다. 정신분석은 잠재적인 의미를 드러내는 것으로 그 자체로 정의될 수 있다"(Laplanche & Pontalis, 1973, p. 227).

프로이트와 클라인 둘에게는 정신분석적 과정은, 무의식을 의식화하는 것을 중점적으로 다룬다: "Wo Es war, Soll Ich werden"/"이드(그것)가 있었던 곳에 자아(나)가 있게 하라(혹은 있게 되리)"(Freud, 1933, p.80)[1].

---

[1] 프로이트(1926)는 그리스어 이름을 붙이는 대신 우리의 두 기관이나 구조를 설명하기 위해 *das Is*와 *das Ech*를 "단순 대명사"("das Es와 das Ich," I와 it)로 번역할 것을 요구했다(p. 195).

프로이트와 클라인은 내적 세계를 주로 무의식적이라 본다. 프로이트의 주된 관심은(1900, 1933) 꿈, 증상, 연상, 전이 등의 무의식적 의미에 있다. 클라인(1932, 1975)은 예컨대 아동의 놀이에 드러나는 무의식적 환상의 의미에 주로 관심이 있다. 그러나 여기에서도 정신분석의 인식론적 그리고 존재론적 차원들은 분리될 수 없다. 프로이트(1933)의 이드가 자아로 변형된다는 생각은 무의식적 이드(그것)를 이해하게 되는 과정일 뿐만 아니라 자아(나)가 존재하게 되는 과정이다.

프로이트와 클라인 모두에게 억압된 무의식을 전의식과 의식적 이차 과정의 사고와 언어적 상징화에 이용 가능하게 만드는 과정이 정신적 변화의 매개체이다. 인식론적 정신분석의 핵심적 목표는 환자가 자신에 대해 보다 이해할 수 있도록 돕는 것이며, 특히 억압된 무의식에 대해 이해하며, 외부 대상 세계에서 더 현실적으로 자신을 경험하고 더 넓고 깊은 수준의 정서를 느낄 수 있게 된다.

위니캇(1969a)은 프로이트의 정신분석에 대한 개념화의 한계에 대해 말한다: "정신분석의 발명을 통해 프로이트가 우리에게 남겨준 연구를, 우리가 한발 진전할 때 그가 더 이상 참여할 수 없다는 것이 너무나도 믿기가 어렵다"(p. 241).

위니캇과 비온의 저작들을 통해 바라본 존재론적 정신분석은 꿈과 놀이의 무의식적 의미를 이해하는 것이 아니라, 심리-신체 전체를 포함하는 놀이와 꿈꾸기가 성장을 촉진하는 살아있는 경험에 주된 관심이 있다. 위니캇(1971a)은 자신의 용어로 내가 존재론적 그리고 인식론적 정신분석이라 부르는 것의 차이를 간결하게 묘사한다:

> 나는 클라인(1932)이 자신의 저작에서 놀이와 관련하여, 거의 전적으로 놀이의 사용(아동의 내적 세계의 상징화의 형태로서)에 대해 관심이 있다고 제안한다. ...이는 멜라니 클라인 혹은 아동의 정신분석에서 아동의 놀이의

사용에 대해 묘사한 다른 이들에 대한 비판이 아니다. 단지 그동안 정신분석가가 놀이의 내용에 너무 신경을 쓴 나머지 놀고 있는 아동을 보지 못하고, 놀이 그 자체로 다루지 못했다는 가능성에 대한 코멘트이다. 이는 명사 "놀이play"와 동명사 "놀이playing"를 구분하는 것은 매우 중요하다는 것을 나는 명확히 하고 싶다. (pp. 39-40)

위니캇은 여기서 인식론적 정신분석과 존재론적 정신분석 간의 근본적인 차이를 두고 있다. 전자는 명사를 향해 있다면(*놀이의 상징적 사용*), 반면에 존재론적 정신분석은 동사들(*아동의 놀이하기*)에 관심이 있으며, 이는 개인이 살아있고 실재하는 느낌, 살아나는 느낌, 그리고 보다 자신이 되어가는 느낌의 경험이다.

존재론적 정신분석은 인식론적 정신분석에 비해 분석가의 해석을 훨씬 덜 강조한다. 위니캇(1969b)이 말하기를:

최근 몇 년 사이가 되어서야 나는 환자의 정신분석 기법과 세팅에 대한 자라나는 신뢰로 인해 자연스럽게 진화하는 전이를 기다릴 수 있게 되었으며, 해석을 함으로써 이 자연스러운 과정을 방해하지 않게 되었다. (p. 86)

그는 이런 생각의 흐름에 대해 이어서 말하기를:

해석해야 하는 나의 개인적 필요로 인해 심오한 변화를 내가 얼마만큼 방해하고 지연시켰는지에 대해 생각할 때면 간담이 서늘해진다. 우리가 기다릴 수만 있다면, 환자는 창조적으로, 그리고 엄청난 기쁨과 함께 이해에 도달하며, 이제 나는 똑똑한 느낌보다는 이 기쁨을 훨씬 더 즐긴다. (p. 86)

여기에서 강조점은 환자가 분석가의 해석을 통해서 무엇을 배웠는가(그가 어떻게 이해했나)가 아니다. 대신에 위니캇은 환자가 도달하는 이해가 아니라, 환자의 경험의 과정들, 그가 "창조적으로, 그리고 엄청난 기쁨과 함께 이해에 도달"하는 방식들에 초점을 맞춘다.

위니캇은(1969a) 그것이 견딜 수 없었기 때문에 자신들의 초기 경험에서 현존할 수 없었던 환자들과의 작업을 묘사한다: "우리는 이 모든 문제들이 전이 관계에서 부활과 수정되는 것을 발견하며, 이 문제들은 해석보다는 경험을 해야하는 것들이다"(p. 242). 위니캇은(1971b) 이런 주장을 보다 일반화하며 말하기를,

> 우리가 도우려는 사람은 우리가 설명을 할 때 치료되었다는 기분을 기대할 수도 있다... 이런 종류의 작업에서는 심지어 올바른 설명이라도 효과가 없다는 것을 알고 있다. 우리가 도우려는 사람은 특수한 세팅 안에서 *새로운 경험*이 필요하다 (p. 55 강조 추가)

다시 한번 바꾸어 말하기를, "기억되어야 하는 광증은 그것을 다시 체험하는 것을 통해서만 기억될 수 있다"(Winnicott, 1965, p. 125).

정신분석의 존재론적 차원에서 정신적 변화의 주요 척도 중 하나는 환자가 더 살아있고, 실재하고, 더 충만하게 자신임을 느끼는 경험의 정도이다. 이는 가장 원시적인 수준에서 성숙한 수준까지 살아 있다는 것의 성질을 경험하는 것을 통해 발생할 수 있다. 초기 외상과 관련하여 위니캇은(1969a) 이해하는 것의 역할의 한계에 대해 분명히 말한다: "우리는 이 모든 문제들이 전이 관계에서 부활과 수정되는 것을 발견하며, 이 문제들은 해석보다는 경험을 해야하는 것들이다"(p. 242).

위니캇의 임상에는 분석가에게 알려지는recognized 경험이 분석적 과정의 중추라는 신념이 핵심적이다:

> 아기 그리고 아동이 엄마의 얼굴에서 언뜻 자신을 보는 것, 그리고 이후에

는 거울을 통해서 보는 것은, 분석과 심리치료라는 과업을 바라보는 관점을 제공한다. 심리치료는 명석한, 적절한 해석을 하는 것이 아니다; 이것은 대체로 장기간에 걸쳐 환자가 가져온 것을 돌려주는 것이다. 이는 보이는 것을 반영해 주는 얼굴의 복합적인 파생물이다. 나는 나의 작업에 대해 이렇게 생각하기를 좋아하며, 만약 내가 이것을 충분히 잘할 경우 환자는 자신을 발견하고, 존재하고 실재한다고 느낄 것이라고 생각한다. (p. 117)

비온(1967a)이 존재론적 정신분석에 기여한 것은, 분석의 현재 순간에 환자와 분석가가 함께 알지 못함을 살아가고 있다는 것을 강조한 데 있다. 분석가가 해야 하는 과업은

...그가 하나가 되어야 하는 현재 reality(현재 회기에서 발생하는)에 대한 직관이다. ...환자에 대해 "알려진" 것은 더 이상 중요하지 않다: 그것은 거짓이거나 관련이 없다. 만약 환자와 분석가에게 "알려진" 것이라면, 그것은 더 이상 쓸모가 없다. ...어떤 회기에서든 중요한 유일한 지점은 알려지지 않는 것이다. 그 무엇도 그것을 직관하는 intuiting 데에 방해해서는 안 된다. (p. 136)

여기서 비온은 상징적 의미를 이해하는 것에서 "하나가 되어야 하는" 현재를 직관하는 것으로 정신분석의 초점을 옮기고 있다. 환자와 분석가에게 현재와 하나가 되는 것은 현재 분석에서 펼쳐지는 순간을 경험하는 것이다. 직관하는 작업에서 분석가는 기억과 욕망을 사용하려는 유혹을 견뎌야 한다. 기억은 "일어났다고 생각되는 것"(Bion, 1967a, p. 136)을 다루며, 욕망은 "아직 일어나지 않는 것"(p. 136)에 대한 것이다. 기억과 욕망은 회기에 현재 순간에 살아 있는 것의 경험을 방해한다.

해석에 관한 비온의 관점(1967a)은 프로이트와 클라인의 관점과는 매우 다르다:

나는 환자가 말하고 있는 것과 해석(당신이 하는)은 어떤 면에서는 그다지 중요하지 않다고 생각한다. 왜냐하면 환자가 이해할 수 있는 해석을 할 수 있는 시점이 되면, 이미 작업은 끝난 것이다. (p. 11)

바꾸어 말하면, 회기에서 발생하고 있는 것에 대한 해석을 분석가가 할 수 있는 시점이 되면, 이해와 연결되는 정서적(경험적) 작업은 이미 일어났다. 비온은 또한 "환자가 무엇을 이해하는지"에 대해 가치를 두지 않는 것에 대해 말하고 있다. 분석 회기에서 "이해가 증식하도록 허락해서는 안 된다"(Bion, 1967a, p. 137). 왜냐하면 알지 못함을 다루는 환자와 분석가의 작업을 전복시키기 때문이다. 비온에게 분석을 받았던 제임스 그롯슈타인James Grotstein은 비온이 한 코멘트에 대해, "이해합니다"라고 대답했다. 비온은 짜증내며 말하기를, "꼭 해야만 한다면 circumstand, parastand, 혹은 metastand[2]를 하세요. 그러나 제발 이해하려고 하지 마세요"(Grotstein, 개인적 의사소통, 1983).

    비온의 저작 전체를 관통하는 주요 과제는 사고thoughts에 대한 연구에서 생각하기thinking에 대한 연구로의 전환을 포함한다. 비온(1967a, 1967b, 1970)의 생각하기에 대한 아이디어들은 궁극적으로 O라는 개념의 형태로 참으로 존재론적 형태를 띠게 되는데(Civitarese, 2020), 이는 모든 것의 기원에 대한 표기이다: 존재하기, 생각하기, 꿈꾸기, 직관하기 등. 내가 O와 K에 대해 이해하기로는 K(알게 되는 것의 경험)는 O(우리 존재의 핵의 경험)에서 파생될 때만이 가치가 있다. 우리가 아는 것이 O에서 파생될 때에 우리는 전적으로 살아있다. 자신에게 살아있다는 것(O)은 알기(K)에서 파생될 수 없다; 그러나 자신을 더 알고 이해하는 것(K)은 살

---

2   역주) circumstand, parastand, metastand는 존재하지 않는 단어이다. 의역을 한다면 "꼭 해야만 한다면 가해, 나해 혹은 다해를 하세요. 그러나 제발 이해하려고 하지 마세요"

아이고 자신에게 진실한 경험을 통해 발생할 수 있다. "정신분석적 정점은 O이다. 분석가는 이와 동일시될 수 없다. 그는 *되어야만* 한다"(Bion, 1970, p. 27). 경험하는 것을 통해 탄생하는 이해의 근저에는 이런 O와 K의 개념이 있다.

정신분석의 존재론적 차원에의 발달에 페렌지Ferenczi가 1925년에 했던 초기의 기여는, 이미 논의한 더 완전하게 상술된 위니캇과 비온의 관점에 바라보았을 때에 더 잘 이해할 수 있다. 페렌지(Ferenczi 1932, 1949; Ferenczi & Rank, 1925)는 프로이트가 분석의 과정에서 경험의 역할을 과소평가하고 이해를 과대평가했다고 주장했다:

> 다른 방식(경험 이외의 수단)으로 습득한 지식은, 그 아무리 논리적으로 설득력이 있어도, 확신이 부재한다. (Ferenczi & Rank, 1925, p. 27)

> 해석의 기법은 환자의 무의식적 상태를 이해하는 데 돕는 하나의 수단일 뿐이며, 목적도 아니고, 더욱이 분석의 주된 목표가 아니다. (Ferenczi & Rank, 1925, p. 29)

> 따라서 우리(Ferenczi와 Rank)는 기억하기(정서적 현상이 아닌 인지적 현상)가 아닌 반복하기(분석적 관계 안에서 경험하는 것)가 정신분석 기법의 주요 역할이라고 결론을 내렸다. (Ferenczi & Rank, 1925, p. 4)

이 단락들에서 페렌지와 랑크Rank는 위니캇과 비온이 견지한 것처럼, 정신분석에서 경험을 통해 이해(해석)가 뒤따를 수는 있지만, 경험이 이해를 뒤따르지는 않는다고 주장한다.

요컨대, *정신분석의 존재론적 차원*이라는 개념을 사용할 때, 나는 보다 자신으로 존재하고 되어가는 분석적 과정의 요소에 대해 말하고 있다. 환자에게 진실로 느껴지는 방식으로 분석가가 환자를 알아볼 때, 이런 분석적 세팅 안에서의 경험을 매개로 환자의 자기는 진화한다. *기법*(자신의 분석적 혈통에서 개발된 정신분석을 실천하는 방식)의 사용은 존재론적 정신분석과는 대조를 이루는데, 정신분석적 과정의 존재론적 차원의 작업에 필수적인 자발성을 제한하는 합의된 방법론이기 때문이다. 나는 자신만의 분석가가 되는 과정에서 발달한 *스타일*이라는 개념을 선호한다(Ogden, 2007).

임상 삽화

정신분석의 존재론적 차원의 임상적 실천에 대한 몇 가지 임상 삽화를 제공하겠다. 여기서 묘사되는 각각의 상황은 특정 분석가와 특정 환자가 만들어 낸 것이지, 다른 분석적 쌍이 진행하는 분석에서는 발생하지 않을 것이다. 각각의 분석가와 환자는 함께 *정신분석을 재창조*해야 한다(Ogden, 2018, p. 57).

그림을 그려드릴까요?

첫 회기에서 대기실에서 그녀와 마주쳤을 때, Ms. L은 20대 중후반으로 보였다. 그녀는 의자에 앉아서 무기력하게 잡지를 보다가 나를 올려 보았다. 그 자리에 서 있으면서, 나는 우리의 역할이 뒤바뀌었다고 느꼈다: 내가 그녀를 기다리고 있었다. 그녀는 마치 내가 쪽지를 전해주는 호텔의 심부름꾼이라도 된 것처럼 고개를 들어 피곤한 눈빛으로 나를 바라보았다.

분석실에 앉자, 나는 시작을 초대하는 방식으로 그녀를 쳐다보았다. 그녀는 기대하듯이 나를 보았다.

잠시의 침묵 후에, "어떻게 시작할까요?"라고 나는 물었다.

그녀는 나를 보며 말하기를, "아마도 여기에 왜 왔는지, 나의 부모는 어땠는지, 어린 시절은 어땠는지를 말해야겠지요. 그렇게 하는 게 맞죠?"

"저는 어떻게 하는 것이 맞는지 모르겠어요."

"장난치지 마세요."

"장난이 아닙니다."

"이전에도 심리치료를 받았어요. 진행하는 방식이 있다는 것을 알고 왔으니, 그냥 말해주세요."

"저는 단지 함께 있는 사람과 말을 하며 무슨 일이 벌어지는지를 봅니다."

"당신이 질문하고, 제가 답하는 거죠. 맞죠?"

"그런 방식이라고 생각해 본 적은 없습니다."

그녀는 비웃으며 고개를 돌려 분석실을 조사하듯 살펴보았다. "여기는 집의 지하실에 있는 꽤나 협소한 공간이네요. 당신 집인가요?"

"제가 일하는 곳이죠."

Ms. L은 말하기를, "당신은 아마 자신이 매우 똑똑하고 권위를 확립하는 방법을 안다고 생각할 겁니다. 그게 당신이 하는 일인가요?"

"내가 무슨 짓을 하든 당신이 그것이 무엇인지 이해만 한다면 상관없을 것 같아요."

"네, 방금 말씀드린 게 그거예요. 그림이라도 그려드릴까요?"

"그럴까요?"

"뭐라고요?"

"그림 그려주세요."

"진심이에요?"

"그렇습니다."

"크레용과 색칠 공부책이 있나요?" 그녀가 이런 전개에 호기심을 보이는 듯 말했다.

"아니요, 메모장과 펜이나 연필만 있어요." 나는 의자 옆 바구니의 내용물을 뒤지며 연필이나 펜과 내가 거기에 둔 스프링 공책을 찾았다. 나는 의자에 기대어 그녀에게 공책과 연필을 건넸다.

그녀는 나에게서 종이와 연필을 받으면서 "뭐 하시는 거예요?"라고 물었다.

"그림 그려 달라고 초대하고 있습니다."

"그릴 것이 없어요."

"글쎄요, 그게 첫 번째 그림일 수도 있겠네요. 빈 페이지요."

"아니, 아무것도 그리고 싶지 않아요." 그녀가 말하며, 마치 내가 그녀에게서 빼앗으려 할 것처럼 공책과 연필을 가슴에 꼭 움켜쥐었다.

"괜찮아요. 첫 번째 그림이 마음에 들어요."

"무슨 소리예요?"

"빈 페이지는 책의 제목 페이지와 같아요. 제목이 빈 페이지인 책이라면 흥미가 생길 것 같아요."

"말도 안 돼요."

"진심이에요."

"이건 시간 낭비에요... 학교에서 잘했고, 친구들도 있었어요. 중학교 때는 수업 시간에 집중하거나 가만히 있을 수가 없어서, 멍청한 애들을 위한 반에 넣었고 지루해서 미치는 줄 알았어요. 창문이나 문이 없는 감방에 있는 것 같았어요."

"시간은 끝이 없고 그곳은 벗어날 수 없는 곳이었습니다."

"맞아요." 아주 잠깐 멈춘 후, 그녀는 말했다. "더 말하지 않을 거예요?"

"생각 중이에요."

"무슨 생각을 하세요?"

"저도 사생활을 가지면 안 될까요?"

"뭐 하고 있는 거예요?"

Ms. L은 다리를 꼬고 노트북을 무릎 위에 올려놓으며 그림을 그리기 시작했다. 그녀가 그린 그림에서 무언가 그녀의 관심을 사로잡은 듯했고, 그녀는 조금 더 그린 후 노트북에서 페이지를 찢어 구겨서 바닥에 던졌다.

나는 "그림 그리는 건 정말 어려운 일이에요."라고 말했다.

그녀는 조용히 말했다. "그릴 게 없어요." 그녀는 무릎에서 공책을 집어 올려 양팔을 공책 위로 교차시키며, 가슴 쪽으로 단단히 쥔 채, 각 손은 반대쪽 어깨를 잡았다.

나는 "뭔가를 그리기 시작하다가 멈췄어요. 그런 기분이 자주 들었을 것 같네요."라고 말했다.

"항상 그래요." Ms. L이 대답했다.

"끔찍한 감정이긴 하지만, 진짜예요."

"그게 나한테 무슨 도움이 돼요?"

"그렇게 느껴지지 않더라도 시작이에요."

그녀는 울기 시작했다. "이제 정말 속상해졌어요. 그릴 게 아무것도 없다는 것은 축하받을 일이 아니에요."

"그릴 게 아무것도 없다고 느꼈어도 그리려고 했네요."

"그게 무슨 소용이 있어요."

"어쩌면 당신은 나를 찾아온 이유에 대해 뭔가를 말하려고 했네요."

Ms. L은 잠시 침묵한 후 "그럴 수도 있겠네요."라고 말했다.

이 대화에서 Ms. L은 자신이 누구인지, 나와의 작업에서 무엇을 원하는지를 반영하는 무언가를 만들고 싶다는 그녀의 표현할 수 없는 소망과, 그 과정이 초기에 무너지는 것을 경험했다. 그녀는 이런 감정 상태를 말로 표현할 수 없었기 때문에, 나와의 일련의 경험이라는 형태로 의사소통을 해야 했다.

나는 Ms. L과 함께 자발적으로 말하고 행한 많은 것에 놀랐지만, 동시에 그녀에게 새로운 것 같으면서도 익숙한 형태의 정신분석을 만들고 있다는 것을 느꼈다. 회기의 대부분 동안 나는 Ms. L과 내가 서로 말로 표현할 수 없는 무언가를 함께 만들어 내는 정서적 과정의 힘에 의해 떠받들어지는 것처럼 느꼈다. 우리는 셰이머스 히니Seamus Heaney(1978)가 "말할 수 없는 것에 대한 공격"(p. 47)이라고 부르는 것을 하고 있었다. 아직 알려지거나, 말해지거나, 이해되기 전에 경험 안에서 표현될 수 없는 의미가 존재하게 되는 것이다.

정신분석의 존재론적 측면, 즉 존재하게 되는 것과 관련된 측면은 내가 설명한 회기에서 가장 중요한 부분이었다. Ms. L은 처음에는 자신에게, 더 나아가 나에게 자신을 실제적이고 살아있는 존재로 경험하는 것, 창의적인 방식으로 자신의 것처럼 느껴지는 삶을 살 수 있는 사람이 된다는 것이 얼마나 어려운지에 대해 말할 수 없었다. 이러한 문제에 대한 소통은 회기에서 펼쳐진 경험 안에서 이루어졌다. 이러한 경험은 Ms. L이 나를 선입견의 패턴으로 축소할 수 없었던 경험이었고, 그녀가 그릴 수 없다고 느꼈지만(자신을 창조하고, 자신만의 존재로 만들어 내는 것), 그럼에도 불구하고 그렇게 하려고 노력했던 경험이었다. 대화가 끝나갈 무렵 나는 Ms. L에게 우리 사이에서 일어난 일에 대한 잠정적인 이해를 제공했다. 이러한 경험은 자기-이해가 뿌리를 내리는 토대가 되었고, 그녀가 나를 만나러 온 이유에 대한 부분적인 이해였다: "어쩌면 당신은 나를 찾아온 이유에 대해 뭔가를 말하려고 했네요." 이에 환자는 "그럴 수도 있겠네요."라고 대답했다. 환자와 나에게 이해가 실제처럼 느껴지려면 앞서 있었던 모든 경험이 필요했다.

당신은 절반도 모르시네요

50대 후반의 여성인 Ms. N은 첫 번째 회기에 나와 분석에 대한 회의적인 태도를 지닌 채 왔다. 그녀는 자신이 멍청하지 않기 때문에 정신과 의사를 만나는 것을 좋아하지 않는다고 말했다; 그녀는 정신과 의사가 환자와 대화하기 위해서가 아니라 약을 처방하기 위해 훈련받았다는 것을 알고 있었다. 그녀는 이렇게 말했다.

> 당신이 글을 쓴다는 말을 들었지만 정신과 의사는 자신의 글을 출판하기 위해, 허영심으로 글을 쓴다는 것을 알고 있기 때문에 관심이 없습니다. 솔직히 말해서 치료사가 청구하는 수수료가 터무니없고 정신과 의사는 다른 누구보다 더 큰 비용을 청구한다는 것을 알고 있습니다.

회기가 진행되면서 그녀는 이렇게 덧붙였다:

> 솔직히 말해서, 당신의 차가운 창문 없는 대기실은 환자에 대한 모욕이라고 생각합니다. 당신을 만나기도 전에 당신이 그런 종류의 일에 대해 별로 생각을 하지 않는다는 것을 알 수 있었습니다.

나는 이런 비판을 진지하게 받아들이기 힘들었다. 그녀의 어조, 말의 리듬, 얼굴 표정 때문에 환자도 자신이 한 말을 진지하게 받아들이지 않는 것 같았다.

나는 그녀의 비판에 "당신은 절반도 모르시네요."라고 대답했다.

"계속하세요. 진짜는 아니죠... 그렇죠?"

"완전히 진지합니다."

"계속하세요..."

회기의 그 시점까지 Ms. N은 나의 눈을 똑바로 쳐다보지 않았다. 그녀의 시선은 마치 저 뒤에 있는 누군가를 바라보는 것처럼 나를 통과했다. 회기의 그 지점에서 그녀의 눈은 나와 마주쳤고, 그녀의 얼굴에 진심이 느껴지는 가벼운 미소가 스쳤다.

이 상호작용에서 나는 환자에게 침묵이나 질문, 또는 초기 면접에서 생길 수 있는 감정에 대한 약간의 이해로 응답하지 않았다. 예를 들어 "나를 만나는 건 위험한 일처럼 느껴질 것 같네요." 대신, "당신은 절반도 모르시네요"라는 내 코멘트는 Ms. N의 목소리와 얼굴 표정에서 깃든 장난기와 유머의 힌트에 대한 응답이었고, 나는 그녀가 나를 그린 캐리커처로 놀아보자는 권유로 받아들였다. 그녀가 나와 눈을 마주치고, "당신은 절반도 모르시네요"라는 내 말에 그녀가 스치듯이 웃는 모습은 나에게 살아 있는 것처럼 느껴졌고, 분석을 시작하기에 좋은 발판이 되었다.

내 코멘트 속의 유머는 일종의 놀이였다. 나중에 생각해 보니, 모든 분석의 시작에 존재하는 상황에 대해 코멘트를 했다는 것을 깨달았다. 환자는 무슨 일이 일어나고 있는지 절반도 모르고, 환자가 분석을 받으러 온 이유, 분석에 참여하는 것이 어떤 느낌일지, 분석이 진행됨에 따라 환자와 내가 어떤 사람이 될지, 그리고 무수히 많은 다른 질문에 대해서도 모른다.

내가 설명한 분석의 순간은 본질적으로 존재론적이다. 그것은 환자가 누구였고 누가 되어가고 있는지에 대한 것이고, 이해에 의해 중재된 것이 아니라 환자가 내 안에서 반영된 자신을, 내가 알아본 자신을 보는 살아온 경험에 의해 중재되었다.

거기 있었구나

나는 청소년을 위한 정신분석 지향적 장기 입원 병동에서 정신과 의사로 일했을 때, 그곳에 입원한 알렉스를 만났다. 알렉스는 열아홉 살이었고 키가 작고 말랐으며 얼굴은 무표정했다. 그는 청각 환각과 편집증으로 정신증적 붕괴를 겪었다. 그는 이해할 수 없는 말로 말했다. 그는 네다섯 살 때부터 부모와도 사회적 관계에 큰 어려움을 겪었으며, 시간 대부분을 자신의 방에서 혼자 지냈다. 병동에 입원한 후, 그는 침대 이불 밑에 숨었다.

나는 우리의 작업에서 특정한 순간에 집중하겠다. 알렉스와 나는 일주일에 다섯 번 만났고, 처음에는 짧은 시간 동안 만났다. 처음 몇 달 동안은 회기가 대부분 조용했고, 그의 눈은 바닥을 응시했다. 가끔 나는 알렉스에게 그와 함께 앉아 있는 동안 내가 느낀 바를 말했다. 그가 말을 시작하자, 그는 이 세상이 아닌 것 같은 부드럽고 높은 목소리로 말했다; 그가 말하는 것은 선언적 진술이나 질문의 방향으로 움직이는 듯했지만, 결국은 일관성이 없는 말이었다. 몇 달이 지나면서, 그는 이해할 수 있지만 감정이 거의 없는 문장으로 말했고, 그로 인해 그의 말은 밋밋하고 단조로운 느낌이 들었다.

우리가 만난 지 약 8개월 후, 알렉스는 평소와 같은 밋밋한 방식으로 전날 그의 아버지가 찾아왔다고 말했다. "맙소사, 그는 못생겼어요."

나는 "방금 그 말을 한 사람의 이름을 알아냈어?"라고 대답했다. 알렉스는 내 질문에 놀라서 평소와 달리 바닥에서 시선을 들어 나를 바라보았다. 이 순간은 수십 년 후에도 내 기억에 남는데, 그가 나에게 마음을 열기 시작한 시점이었기 때문이다. 이 순간의 존재론적 차원은 알렉스가 생각과 감정을 가진 사람으로서 스스로를 드러내기 시작했을 때 내가 그를 알아봤다는 것이다. "방금 그 말을 한 사람의 이름을 알아냈어?"라고 말하면서, 나는 사실상 그에게 "거기 있었구나"라고 말했는데, 그것은 그가 나와 함께 자신의 진가를 알아가는 덧없는 특성을 반영하는 방식이었다.

도시락

W씨는 50대 후반의 남자로, 내 정신분석 동료인 M 박사를 만나러 왔다. 그는 M 박사에게 과거에 두 명의 분석가와 만났지만, 그와 분석가 사이의 "권력 차이"를 견디기 어려워서 카우치를 사용한 첫 회기에서 나가 버렸다고 말했다. W씨는 M 박사에게 30년 동안 결혼 생활을 했고 두 명의 성인 자녀가 있다고 말했다. W씨는 연약해 보였기 때문에 M 박사는 그가 한 말에 대해 더 말하라고 재촉하지 않았다.

초기 면접이 끝날 무렵, M 박사는 "분석은 하지 마시죠. 그냥 같이 점심을 먹으면 어떨까요? 도시락을 싸 오죠"라고 말했다.

그들은 각자 도시락을 가져왔고 W씨가 이야기하고 싶어하는 모든 것에 대해 이야기를 나누었다. 그는 예술을 좋아했고 M 박사에게 지역 박물관과 전국 및 전 세계의 박물관에서 열리는 미술 전시회에 대해 이야기하곤 했다. 그는 아내와 미술관과 박물관에서 함께 있을 때 가장 행복하다고 말했다. 그녀는 그의 예술에 대한 지식과 취향을 존경했다. M 박사는 그가 예술에 대해 한 말이 W씨가 자신의 내면 세계와 자신에게 중요한 사람들과의 관계에 대해 말하는 방식이라는 것을 이해했지만 분석가는 두 영역을 연결하는 말을 하지 않았다.

그들은 수년 동안 일주일에 한 번씩 만났다. 날씨가 좋으면 공원 벤치에 앉았다. 비가 오거나 너무 추울 때는 상담실에 있는 두 개의 안락의자에 앉았다. 몇 년 동안 만난 후에야 W씨는 M 박사와 현재의 삶과 어린 시절에 대해 이야기하기 시작했다. 그는 아내와 아이들을 두렵게 하는 분노 폭발에 취약했으며, 자신도 두려웠다고 말했다. 그가 분석가에게 형이 자신을 괴롭히고 자신이 약하고 충분히 남성적이지 못하다는 생각을 하는 것에 대해 말하는 데는 훨씬 더 오랜 시간이 걸렸는데, 그것은 오늘날까지도 계속되었다. M 박사는 함께 작업하는 동안 환자가 모든 면에서 주도권을 잡도록 했다. 환자는 어렸을 때 큰아들을 때린 일과 그것을 되돌릴 수 있기를 바라는 마음에 대해 말하면서 울었다. 그런 다음 그는 아들과 그런 행동을 한 것을 후회한다고 말할 수 있었다.

제 생각에 이 환자에게 가장 중요하고 가장 유용했던 것은 M 박사가 W씨가 사용할 수 있는 정신분석의 한 형태를 발명했다는 사실이다. 이후에 이해가 뒤따랐지만 경험이 없었다면 일어날 수 없었을 것이다.

W씨를 위해, 그리고 그와 함께 분석을 만드는 것은 분석가가 환자가 누구인지 인식하고 환자의 존재를 촉진하는 방식으로 환자에게 적응하는 정신분석의 존재론적 차원을 나타낸다. 환자가 약하고 남성성이 부족하다고 느낀다는 것에 대한 이해는 나중에 하게 되었지만, 분석가에게 인정받고 받아들여지는 경험과 불가분의 관계가 있다.

나는 M 박사가 이 환자와 함께 만든 분석에 큰 감명을 받았고 지금도 그렇다. 나는 종종 그것에 대해 생각한다. 그것은 나 스스로 발명할 수 없는 분석이다. 할 수만 있다면 좋겠지만, 나는 그 어떤 두 분석가도 환자와 동일한 방식으로 분석을 발명하지 않는다는 사실을 받아들여야 한다.

저녁에 전화

V씨는 "자신에 대해 더 알아보기 위해" 분석에 왔다고 말했는데, 이 모호한 진술은 그가 비밀을 품고 있거나 씨름할 만한 문제가 있는 사람이 아니라는 느낌을 반영하는 것처럼 느껴졌다. 그가 열 살 딸과 1년 이상 같은 침대에서 자는 동안 아내는 침실에서 혼자 잤다는 사실에 대한 단서를 흘릴 때까지 몇 달 동안의 분석이 필요했다. 그는 딸과 아내 모두에게 이러한 관계에 문제가 있다는 것을 알고 있다고 입으로만 말했다. 그는 나를 분석가가 아니라 친구인 것처럼 대했고, 그래서 우리 둘 사이

의 역할 차이(그리고 상징적인 세대 차이)를 모호하게 하려고 했다. 나는 그에게 딸과 자는 것을 멈추라고 지시했다. 그는 나중에 그렇게 했다고 말했지만, 나는 그가 믿기지 않았다.

어느 날 늦은 저녁, 나는 V씨로부터 전화를 받았다. "문제가 생겼어요. 저는 경찰서에 있습니다. 음주운전으로 체포되었어요."

나는 계획 없이 "저희는 문제가 없고, 당신에게 문제가 있어요."라고 대답했다. 그는 말문이 막혔다가, "당신의 모든 도움에 감사합니다, 의사님."이라고 비꼬는 투로 대답했다.

V씨에게 한 말을 통해 나는 "당신이 쓰지 않은 법률이 있다는 것을 알게 되면 싫어하시잖아요."와 같은 해석적인 코멘트를 하는 것보다 훨씬 더 큰 영향을 미칠 수 있는 경험을 그와 함께 자연스럽게 만들어 냈다. V씨와 잠깐 대화를 나누는 동안 나는 그와 나 사이의 역할 차이와 세대 차이, 그리고 그와 그의 딸 사이의 세대 차이, 그리고 그가 따라야 할 법률을 쓰지 않는다는 사실을 그에게 직접 보여주었다.

V씨가 자란 가족의 구조는 세대 차이가 모호했다. 그는 아버지가 가족에 대한 책임을 부인하는 동안 알코올 중독자 어머니를 돌보라는 지시를 받았다고 말했다. 환자는 어린 시절에 자신이 감당할 수 없는 일종의 유사-성인으로 징집되었다. V씨는 무의식적으로 나와 함께 분석을 받았는데, 세대 간 차이와 라캉이 아버지의 법이라고 부르는 것에 대한 혼란이 딸과의 근친상간적 관계를 만드는 데 반영된 방식을 다루고자 했기 때문인 듯했다. 그 관계는 그에게 혐오감을 주는 것만큼이나 그를 흥분키는 듯했다.

전화 통화 중에 내가 한 개입은 그 순간에 전개되고 있던 분석의 존재론적 차원을 반영했다. 나는 그가 법을 어김으로써 스스로 만든 문제에 대해 그와 나는 하나가 되지 않는다고 말했다. 자녀와의 근친상간적 관계를 금지하는 법률을 준수하지 않고, 우리 둘 사이의 세대 간 차이에 대해 준수하지 않는 그에게 나는 선을 그었다. 내가 묘사하고 있는 이 순간에는 이 남자에게 이해는 아무런 도움이 되지 못했다. 소통은 우리가 서로 함께 만드는 경험을 매개로 이루어져야만 했다.

금속 우리 속의 쥐

30대 남성 T씨는 분석 4년차에 월요일 회기에 창백한 얼굴로 왔다. 집에 쥐가 있다고 말하면서 목소리가 떨렸다. 그는 이미 해충 구제 회사에서 온 사람을 불러 쥐가 집으로 들어온 곳이라고 생각되는 곳에 덫을 놓고 구멍을 막았다. 쥐덫과 다른 조치에도 불구하고 T씨는 침실 천장과 벽에서 쥐가 뛰어다니는 소리를 들을 수 있었다. 그는 한꺼번에 모든 이야기를 들려주려고 하면서 매우 압도되는 방식으로 말했다. 그는 "제가 자는 동안 쥐가 제 침대에 들어와서 저를 물까 봐 겁이 납니다. 『1984』의 금속 마스크 속의 쥐와 같아요."라고 말했다.

나는 그에게 "무서운 수준이 아니라 공포에 질려 있군요."라고 말했다.

내가 T씨에게 이렇게 말하자 그는 진정하고 잠시 조용해졌다. 내 의견은 공감이나 이해라고도 볼 수 있지만, 나는 그런 방식으로 경험하지 않았다. 그것은 그 순간 환자가 누구인지에 대한 나의 인식을 반영했다. 내가 그를 알아본다는 것은 내가 그를 깊이 알고 있다는 사실을 전달했고, 결과적으로 그는 혼자가 아니었다.

나는 분석에서 이 순간을 언급하는 것은, 분석에서 중요한 순간에 환자가 누구인지 알아보는 것이 매우 중요하기 때문이다. 무서워한다는 것은 무언가가 위험하고 위협적이라고 느껴지는 상태이다. 공포에 질린다는 것은 충격, 마비, 유아처럼 무력한, 자아의 핵심이 강간을 당하기 직전의 상태를 직면하는 것이다. 나의 진술은 그를 알아보는 것이 그에게 가장 가치 있는 것이라는 의미에서 존재론적이었다; 그것은 그를 덜 혼자 있게 만들었다.

나가는 말

내가 제시한 임상 삽화들에서 환자(및 분석가)가 더욱 완전하게 존재하게 되는 과정은 환자가 분석가에게 자신이 어떤 사람이고 어떤 사람이 되어가고 있는지 깊이 알아봐지는 경험을 통해 이루어졌다. 이러한 유형의 경험은 환자와 분석가가 둘만 만들 수 있는 분석을 함께 만드는 분석의 맥락에서 이루어졌다. 분석가는 기법을 사용하지 않았다; 그는 분석가로서 자신이 되었고, 자신이 개발한 스타일을 활용했으며, 자신의 작업에서 자발적이었다. 이 모든 것이 합쳐져 정신분석의 존재론적 차원을 구성한다.

참고문헌

Bion, W. R. (1967a). Notes on memory and desire. In *Wilfred Bion: Los Angeles Seminars and Supervision*, ed. J. Aguayo & B. Malin. London: Karnac, 2013, pp. 136–138.

Bion, W. R. (1967b). First seminar: 12 April 1967. In *Wilfred Bion: Los Angeles Seminars and Supervision*, ed. J. Aguayo & B. Malin. London: Karnac, 2013, pp. 1–31.

Bion, W. R. (1970). *Attention and Interpretation*. London: Tavistock.

Civitarese, G. (2020). The limits of interpretation. A reading of Bion's "On Arrogance." *Int. J. Psychoanal.* 82: 236–257.

Ferenczi, S. (1932). *The Clinical Diary of Sandor Ferenczi*, ed. J. Dupont, trans. M. Balint & N. Jackson. Cambridge, MA: Harvard University Press, 1995.

Ferenczi, S. (1949). Confusion of the tongues between the adults and the child (The language of tenderness and of passion). *Int. J. Psychoanal.*, 30: 225–230.

Ferenczi, S. & Rank, O. (1925). *The Development of Psycho-Analysis. Mansfield Center*, CT: Martino Fine Books, 2012.

Freud, S. (1900). The Interpretation of Dreams. *S. E.*, 4–5. London: Hogarth Press.

Freud, S. (1926). The Question of Lay Analysis: Conversations with an Impartial Person. *S. E.*, 20. London: Hogarth Press.

Freud, S. (1933). New Introductory Lectures on Psychoanalysis. *S. E.*, 22. London: Hogarth Press.

Heaney, S. (1978). *Preoccupations: Selected Prose, 1968–1978*. London: Farrar Straus, p. 47.

Klein, M. (1932). *The Psychoanalysis of Children*. London: Hogarth Press, 1949.

Klein, M. (1975). *Envy and Gratitude and Other Works, 1946–1963*. New York: Delacorte Press/Seymour Laurence.

Laplanche, J. & Pontalis, J.-B. (1973). *The Language of Psycho-Analysis*. New York: Norton.

Ogden, T. H. (1994). The analytic third – Working with intersubjective clinical facts. *Int. J. Psychoanal.* 75: 3–20.

Ogden, T. H. (1995). Analysing forms of aliveness and deadness of the transference-countertransference. *Int. J. Psychoanal.* 76: 695–710.

Ogden, T. H. (2004). This art of psychoanalysis: dreaming undreamt dreams and inter- rupted cries. *Int. J. Psychoanal.* 85: 857–878.

Ogden, T. H. (2007). Elements of analytic style: Bion's clinical seminars. *Int. J. Psychoanal.*, 88: 1185–1200.

Ogden, T. H. (2018). How I talk with my patients. *Psychoanal. Q.* 87: 399–414.

Ogden, T. H. (2019). Ontological psychoanalysis or "What do you want to be when you grow up?" *Psychoanal. Q.* 88: 661–684.

Ogden, T. H. (2020). Toward a revised form of analytic thinking and practice: the evolution of analytic theory of mind. *Psychoanal. Q.* 89: 219–243.

Winnicott, D. W. (1965). The psychology of madness: a contribution from psychoanalysis. In *Psycho-analytic Explorations*, ed. C. Winnicott, R. Shepherd & M. Davis. London: Karnac Books, 1989, pp. 119–129.

Winnicott, D. W. (1967). Mirror-role of mother and family in child development. In *Playing and Reality.* New York: Basic Books, pp. 111–118.

Winnicott, D. W. (1969a). The use of an object in the context of Moses and Monotheism. In *Psycho-Analytic Explorations*, ed. C. Winnicott, R. Shepherd & M. Davis. London: Karnac Books, 1989, pp. 240–243.

Winnicott, D. W. (1969b). The use of an object and relating through identifications. In *Playing and Reality.* New York: Basic Books, pp. 86–94.

Winnicott, D. W. (1971a). Transitional objects and transitional phenomena. In *Playing and Reality.* New York: Basic Books, pp. 1–25.

Winnicott, D. W. (1971b). Playing: creative activity and the search for the self. In *Playing and Reality.* New York: Basic Books, pp. 53–64.

2   살아있다는 것의 의미
위니캇의 "중간 대상과 중간 현상"에 대하여

위니캇(1971a)은 "중간 대상과 중간 현상"에서 가장 어려운 과제에 도전한다: 바로 살아있다는 느낌의 기원을 설명하는 것이다. 위니캇은 살아있다는 느낌의 상태가 유아기의 초기에 뿌리를 두고 있으며 개인의 생애 전반에 걸쳐 지속된다고 믿는다. 이 존재 상태, 즉 살아있다는 느낌의 경험은 위니캇이 이 논문을 발표하기 전까지 정신분석에서 간과되었던 주제였으며, 이 논문은 처음 발표된 지 70년이 지난 지금도 정신분석 문헌에서 가장 중요한 논문 중 하나이다.

나는 위니캇(1971a)의 "중간 대상과 중간 현상"을 세 부분으로 나누어 독해해 보겠다. 첫 번째 부분은 이론에 초점을 맞추고, 두 번째 부분은 위니캇이 그의 논문(1971a)의 최종본에 추가한 새로운 임상 자료에 초점을 맞춘다. 이 장의 세 번째 부분은 내가 진행한 분석 사례의 일부를 논의하며, 분석의 틀의 근본적인 변화가 환자가 자신의 감정을 실제적인 것으로 경험하기 시작하는 데 중요한 역할을 했던 사례이다.

중간 공간 Intermediate space

"중간 대상과 중간 현상"은 1951년 영국 정신분석학회에 처음 발표되었다. 1953년에 위니캇은 국제 정신분석 학술지 *International Journal of Psychoanalysis*에 논문의 수정판을 게재했고, 또 한 번의 개정판은 『소아의학을 거쳐 정신분석학으로』(*Through Paediatrics to Psycho-analysis*,

1958a)에 수록되었으며, 논문의 최종판은 위니캇이 사망한 해인 1971년 『놀이와 현실』(Playing and Reality, 1971b)에 실렸다. (이 장에서 달리 명시되지 않는 한, 모든 참조는 최종판인 1971a를 의미한다.)[1]

본 논문 전체에서 위니캇은 프로이트와 클라인에게 이야기하고 있는 것으로 보이며, 인간 경험에 대한 그의 새로운 개념화가 받게 될 반응에 대해 다소 경계심을 갖고 있는 것으로 보인다.

논문의 서두에서 위니캇은 다음과 같이 말한다:

> 나는 엄지손가락과 곰돌이 인형 사이, 구강 성애와 진정한 대상관계 사이, 일차적 창조적 활동과 이미 내사된 것의 투사 사이, 빚에 대한 일차적 무지와 빚에 대한 인정(옹알이) 사이의 중간 경험 영역을 지칭하기 위해 "중간 대상"과 "중간 현상"이라는 용어를 도입했다.(p. 2)

한 문장으로 위니캇은 "중간 경험의 영역"을 묘사하는 네 가지 방법을 설명하는데, 각각은 이미 확립된 프로이트와 클라인의 이론의 토대가 되는 발달적 사고 방식에서 파생되었다. 여기서 새로운 점은 위니캇이 유아의 중간 대상과 중간 현상 경험을 이 네 가지 발달 단계 세트 *사이에* 위치시킨다는 것이다. 그렇게 함으로써 그는 발달에 대한 새로운 분석적 개념뿐만 아니라, 이미 익숙한 발달적 표지 *사이의 공간에서* 만들어지는 경험 자체에 대한 새로운 분석적 개념을 만들기 시작했다.

"사이의 공간"이라는 개념은 그의 저서 전체에서 정신분석 이론가로서 위니캇에게 핵심적인 개념이다. 예를 들어, 이미 일어난 일과 환자

---

[1] 위니캇의 "중간 대상과 중간 현상"을 리뷰한 다수의 논문들을 조사하는 것은 이 논문의 주제에서 벗어나지만, 다음의 글들은 나의 생각에 주요한 영향을 미쳤다: Abram, 2007; Civitarese, 2016; Copolillo, 1976; Elmhirst, 1980; Ferro & Molinari, 2016; Gabbard, 1994; Gaddini, 2003; Gaddini & Gaddini, 1970; Green, 1997, 1999; Greenacre, 1970; Grolnick et al., 1978; McKay, 2019; Quatman, 2020; Rudnytsky, 1993; Williams, 2007.

가 일어날 것이라고 두려워하는 일 사이의 중간 공간(Winnicott, 1974); 엄마와 유아 사이에 "존재하지만 존재할 수 없는 *잠재적 공간*"(Winnicott, 1971c, p. 107); 엄마가 파괴되는 것과 유아에 의해 파괴되는 것 사이의 중간 영역(Winnicott, 1969); 유아가 혼자 있는 것과 엄마와 함께 있는 것 사이의 공간(Winnicott, 1958b). 위니캇에게 1과 2 사이의 공간은 1과 4분의 1이나 1과 2분의 1, 또는 다른 분수가 아니라, 실제적이면서도 환상인 다른 경험의 질서가 창조되는 장소이다. 새로운 경험의 질서가 중간 영역에서 나타나지 않는다면, 개인은 살아나지 못하는 것이다(Ogden, 1995).

위니캇은 유아 또는 아동의 초기 중간 현상 중 일부를 다음과 같이 설명한다:

> 이 정의에 따르면, 유아의 옹알이와 조금 더 나이가 많은 아이가 잠을 준비하면서 노래와 곡조를 반복하는 것은 중간 현상으로 중간 영역에 포함된다.(p. 2)

유아의 "손에서 입으로"에서 "손에서 생식기로"(p. 3)로의 진행에 대해 많은 글이 쓰여진 반면, 유아가 "진정으로 '나-아닌' 물건"(p. 3)을 건강하게 다루는 방향으로 움직이는 것과 "나-아닌 물건을 개인적 패턴에 짜 맞추는"(p. 3) 경향에 대해 쓰여진 글은 훨씬 적다. 나는 여기서 "나-아닌 물건을 개인적 패턴에 짜 맞추는"이라는 표현이 매우 주목할 만하다고 생각한다. 여기에는 중간 대상의 경험의 질감에 대해 많은 것이 전달된다: *그것은 나-아닌 것과의 아주 초기의 만남이지만, 주체가 되는 과정에 있는 유아에게는 절대적으로 개인적인 것으로 짜 맞춰지고 있다.* 유아는 엄마의 도움으로 구별된 개인으로 살아가기 위해 필요한, 섬세한 균형을 유지하는 문제에 대한 해결책에 도달한다: 즉, 주관적인 것과 객관적으로 지각되는 것 사이의 중간 영역에 있는 중간 대상을 창조하는 것이다(p. 3). 유아가 스스로 중간 대상을 창조하는 것처럼 보일 수 있지만, 그렇게 할 수 있는 것은 "엄마가 유아가 창조할 준비가 된 바로 그 자리에, 적절한 순간에 실제 젖가슴을 놓아주기 때문"(p. 11)이다.

중간 대상과 관계를 맺는 것은 "전능함의 어느 정도 포기"(p. 5)를 수반한다; 즉, 유아는 대상을 자신의 창조물로 전적으로 경험하지 않는다. 중간 대상은 회복력이 있고, "애정 어린 포옹과 동시에 흥분해서 사랑받고 훼손되기도 한다"(p. 5). 유아에게 "따뜻함을 주거나, 움직이거나... 자체의 활력이나 현실성이 있는 무언가를 하는 것"처럼 보일 것이다(p. 5). 유아에게 "나의 소유물이 아닌 것"(p. 1)처럼 느껴지는 것이 중요하다. "중간 현상의 패턴은 대략 6에서 8, 혹은 12개월에 나타나기 시작한다"(p. 4).

"[중간 대상]의 핵심은 그 상징적 가치가 아니라 현실성이다."(p. 6). 중간 대상과의 관계는 상징적 가치와는 별개로 그 자체로 의미를 지닌, 만질 수 있는 대상으로 존재하는 대상에 대한 경험이다.

종종 *중간 대상*이라는 용어는 아이가 주관적 대상(주로 아이의 내적 세계의 투사)과의 관계에서 객관적으로 인식되는 대상과의 관계로 전환하는 데 도움이 되는 대상을 지칭하는 데 사용된다. 이는 사실이지만 중간 대상에 대한 개념이 너무 제한적이다. 위니캇이 중간 대상과 현상에 대해 말할 때 염두에 두고 있는 것은 본질적으로 선형적이고 연대기적인 성격의 발달적 사고와 상반되는 것 같다. 위니캇이 "중간 공간"을 개념화하는 방식은 인과관계, 연대순, 이분법적 사고를 거부한다. 그는 정신분석적 사고가 다음을 포함하는 인간 경험의 이차원적 개념과는 질적으로 다른 것을 요구한다고 주장한다: (1) "대인 관계... 환상 전체[를 포함하며]... [및] 억압된 무의식"(p. 2)과의 연관 및 (2) 자신의 "내적 현실"(p. 2)과의 연관.

내 주장은 이러한 이중 진술이 필요하다면, 삼중 진술도 필요하다는 것이며, 이는 인간 삶의 세 번째 부분, 즉 우리가 무시할 수 없는 부분은 *경험의 중간 영역*이며, 여기에는 내적 현실과 외적 삶이 모두 기여한다.(p. 2)

중간 대상과 현상은 개인의 성숙에 기여하지만 단순히 발달 과정의 일부가 아니다. 그것은 자기-대상의 분화가 달성된 후에도 오랫동안 남아 있는 경험의 형태를 구성한다. 중간 대상과 현상은 "경험을 향한 진행 여정"(p. 6)의 한 측면이며 경험하기 자체의 진화의 일부이다. 그것은 "우리가 사는 곳"(Winnicott, 1971c)이며, *우리가 자신과 세상에 대한 경험에 살아있는 곳이다.*

동사 형태("경험"과 대조되는 "경험하기"의 형태)는 위니캇의 사고에 매우 중요하다. 왜냐하면 심리적 삶과 신체적 삶의 삼중 진술의 이 "제삼의 영역"은 항상 움직이고, 항상 날아다니며, 항상 변화 과정에 있기 때문이다.

이 영역은 도전받지 않는다. 왜냐하면 그것은 내적 실재와 외적 실재 사이의 분리를 유지하면서도 동시에 서로 관련시켜야 하는 항구적인 인간의 관제에 참여하고 있는 개인을 위한 쉼의 장소로 존재할 뿐, 그 자체로서 어떤 권리를 주장하는 일이 없기 때문이다.(p. 2)

경험의 중간 영역에는 내적 세계나 외부 세계가 유아에게 "권리를 주장"하지 않는 "쉼의 장소"가 있으며, 유아는 "당신이 경험하는 것이 환상인가 현실인가?"라는 질문에 대해 외적 현실이나 내적 현실의 "도전"을 받지 않는다.

위니캇 논문의 이 초반 부분에서 내가 경이롭게 생각하는 부분 중 하나는 위니캇이 도입하는 인간 경험에 대한 분석적 이해의 혁명이, 유아나 어린이와 시간을 보내며 유아가 혼자 옹알거리는 현상; 다른 사람이 듣지 않을 때 노래를 부르거나 곡을 만들어내는 현상; 아이들이 담요의 부드러운 가장자리나 특정 실크 천에 애착을 갖는 것의 중요성; 또는 "진지하게", 즉 최대한의 정서적 참여와 집중을 가지고 노는 어린이 또는 어린이 집단의 현상을 목격한 모든 사람에게 충분히 명백했던 것에 기반을 두고 있다는 것이다. 그러나 1951년 위니캇이 이 논문의 첫 번째 버전을 발표하기 전까지는 이러한 일상적인 현상이 모든 인간 경험의 근본적인 특성에 대한 우리의 이해를 재구성하는 기반이 되지 못했다; 즉 살아 있음과 죽음, 실제성과 비실제성, 진실성과 거짓 등이다.

위니캇은 중간 대상의 경험에서 일반적으로 발견되는 것을 또 다른 방식으로 설명한다.

> 중간 대상에 대해 우리와 아기 사이에 다음 질문을 결코 하지 않을 것이라는 합의가 있다고 할 수 있다: "네가 생각해 낸 것이니 아니면 외부로부터 내게 제공된 것이니?" 중요한 점은 이 점에 대한 어떠한 결정도 하지 않는다는 것이다. 이 질문은 물어서는 안 되는 질문이다.(p. 12)

여기서 위니캇은 전이 대상의 창조를 유아가 대상을 동시에 만들어 내고(상상하고) 그것이 자신에게 제공되는 영역(대상을 객관적으로 인지함으로써 "발견"하는 곳)에 두고 있으며, 성인과 유아 사이에 유아가 대상을 창조했는지 발견했는지 결코 묻지 않는다는 "합의"가 있다. 전이 대상에 대한 이 공식화를 통해 나는 "중간 대상"과 "중간 현상"이라는 용어의 의미를 마침내 이해했다고 느꼈다. 하지만 지금 이 글을 읽어보니 너무나 명확하다는 생각이 든다. 나에게 이 문장들의 약점은 설명적이라는 점이다. 이 문장들은 부모와 유아 사이의 합의에 의해, 유아에게 그 대상을 창조하는지, 아니면 발견하는지 묻지 않아야 한다는 것을 말해준다.

질문은 제기되지 않는다. 심지어 부모나 유아가 질문을 할 생각조차 하지 않는다. 하지만 이러한 개념들은 무슨 일이 일어나고 있는지에 대한 감각을 제공하지 않는다. 예를 들어 이 논문을 쓰는 동안 시간이 사라지고 그 자리에 "꿈 시간"과 "꿈 공간"이 자리 잡고, 내 삶의 다른 부분에서 경험하는 방식과는 확실히 다르게 느껴지는 경험이다. "예술과 종교와 상상력의 삶과 창의적인 과학 작업에 속하는"(p. 14) 그 사이의 공간은 나에게 수수께끼로 남아 있고, 관통할 수 없으며, 창조/발견/질문하지 않음의 용어로 축소할 수 없고, 신비와 경외감을 느끼는 영역으로 남아 있다.

위니캇 역시 환상이illusion 생성되는 수수께끼의 공간의 불가해함을 알고 있는 듯하다.

> [이] 환상의 문제[중간 대상과 현상]는 인간에게 본질적으로 속하는 것이며, 비록 이에 대한 이론적 이해가 이론적 해결책을 제공할 수는 있지만, 어떤 개인도 스스로 최종적으로 해결할 수 없다.(p.13)

위니캇은 중간 대상과 현상에 대한 이론적 이해 이상을 제공할 수 없지만, 이러한 단점은 불가피하며 용인되어야 한다고 말하는 듯하다.

위니캇은 중간 대상을 놓아주는 경험을 이렇게 묘사한다:

> 그것의 운명은 점차적으로 탈-리비도 집중decathected을 허용하는 것이며, 그리하여 수년이 지나면서 잊혀지기보다는 변두리로 밀려나게 된다... 그것은 잊혀지지 않고 애도되지 않는다. 그것은 의미를 잃는데, 이는 중간 현상이 확산되고 전반적인... 문화의 영역[창조적 삶의 전체 영역]으로 퍼지기 때문이다.(p. 5)

원래 "중간 대상" 논문은 1951년에 처음 발표되었지만, 위니캇이 중간 대상과 현상을 설명하기 위해 역설이라는 단어를 처음 사용한 것은 20년 후(『놀이와 현실』에 게재된 버전에서)였으며, 그는 이 단어를 논문의 이론적 부분 끝에 있는 두 문장짜리 단락에서 단 두 번만 사용했다:

> 이러한 모든 고려들로부터(중간 대상과 중간 현상) 떠오르는 그 다음의 생각은, 수용된 역설은 긍정적인 가치를 가질 수 있다는 것이다. 이 역설의 해결은 방어적인 정신구조로 인도하며, 성인의 참자기 또는 거짓자기 구조로 나타난다. (1971a, p. 14)

이 구절은 논문의 중요한 부분이지만, 특정 방어 조직의 창조라는 관점에서 역설의 해결을 설명함에 있어 다소 약하게 기술된 듯하다. 위니캇은 『놀이와 현실』(1971d)의 "서론"(위니캇이 "중간 대상" 논문으로 시작하고, 이후 장들에서 그 주제들을 전개하는 책)에서 중간 대상과 현상의 역설적 본질에 대해 더욱 명확하게 진술한다:

> [이 책에서] 나는 유아가 중간 대상을 사용하는 데 관련된 역설에 주목하고 있다. 내가 기여하고자 하는 것은 역설이 수용되고 관용되고 존중되어야 하며, 해결되지 않아야 한다는 것이다. 지적 기능을 분리하여 회피함으로써 역설을 해결할 수 있지만, 그 대가로 역설 자체의 가치를 잃게 된다.(p. xii)

역설은 위니캇이 자신이 연구하는 경험의 양태를 이해하기 위해 사용하는 단순한 은유가 아니다. 역설이라는 개념을 통해 그는 중간 대상과 현상에 대해 이야기하는 방식에 도달한 것으로 보이며, 이는 이러한 현상을 *개념화*하는 방식으로 작용할 뿐만 아니라 이를 *경험*하는 것이 어떤 느낌인지를 설명한다. 중간 현상의 경험과 역설 개념 모두에서, 대립되는 것들은(서로 모순되지 않고) 공존하여 두 부분의 합보다 더 큰 무언가, 다른 어떤 방식으로도 진술될 수 없는 비선형적인 무언가를 만들어낸다. 역설을 유지하기 위해서 우리의 마음을 이차 과정 사고에서 해방하고, 역설의 개념이 새로운 무언가, 논리적 사고의 가능성을 넘어선 무언가를 위해 자리를 내주어야 한다. 역설 자체는 *그것이 묘사하는 경험의 중간 영역에서 탄생한다.*

임상 자료: 공상fantas이 지닌 여러 면들

놀이와 현실에 게재된 "중간 대상" 논문 버전에서 위니캇은 "중간 현상에 대한 그의 생각이 보고, 듣고, 그리고 내가 하는 것에 어떤 영향을 미치는지"(p.20)를 반영하는 두 가지 임상적 삽화로 구성된 새로운 부분을 추가했다. 이 임상 사례 중 첫 번째는 이전에 두 책에서 출판되었다. 두 번째 삽화는 1971년 논문 버전에서 처음 출판되었다. 후자에 대해 자세히 논의할 것이며, 이는 환자와 함께 있으며 환자에 대해 생각하는 위니캇의 가장 고도로 발전된 방식 중 일부를 이례적으로 명확하게 보여주면서도 독자가 임상 자료를 가지고 스스로 무언가를 할 수 있는 여지를 남겨두기 때문이다.

위니캇은 새로운 임상 삽화를 "공상이 지닌 여러 면들"(p. 20)이라고 명명했다. 내가 확인한 바에 따르면, 공상fantas이라는 단어는 독자에게 *사이에 있는 경험*, 즉 발명된 언어와 일반적으로 사용되는 언어 사이의 공간을 경험하게 하는 신조어이다. 공상은 환상fantasy과 유사점이 있지만, 둘은 다르다.

위니캇은 이것이 "상실감 자체가 어떻게 자기 경험을 통합하는 방법이 될 수 있는지"를 보여주는 예라고 말하며 회기를 시작한다(p. 20). 이 문장은 위니캇의 단일 분석 회기에 대한 설명에 몰두할 때 명심해야 할 중요한 문장이다.

환자는 여러 자녀를 둔 매우 지적인 여성으로, "보통 '분열성schizoid' 이라는 이름 아래 모아진" 증상으로 분석을 받으러 온다(p. 21). 1971년에 이 용어는 내면의 삶에 몰두하여 외부 대상과의 실제 관계에서 크게 단절된 개인들을 지칭한다. 그들은 또한 내면과 외부 세계에서 삶이 주는 문제에 대한 방어기제로 전능적 사고에 크게 의존한다. 그럼에도 불구하고 위니캇의 환자는 사람들의 호감을 얻으며 지금만큼 아플 것이라고 의심받지 않았다.

이 회기는 "이전 분석가에 대한 갈망"(p. 21)과 관련된 꿈으로 시작된다. 위니캇은 우리에게 꿈을 말하지 않지만 꿈이 "우울적"(자기-대상 분화가 달성되고 주요 불안이 상실과 우울과 관련된 Klein[1935]의 우울적 자리의 현상)이며 "해석의 소재로 사용될 수 있다"(p. 21)고 말한다. 하지만 해석에 "사용될 수 있다"고 하더라도 위니캇은 꿈을 해석의 소재로 사용하지 않는다. 위니캇은 이런 종류의 생략을 통해 조용히 자신의 요점을 밝힌다.

"그녀는 가끔씩 공상하기fantasying라고 부를 수 있는 것에 사로잡히곤 했다"(p. 21). 하지만 여기서도 위니캇은 그것을 환상이라고 부르겠다고 밝히지 않는다. 아마도 그는 그것을 공상fanstas이라고 부를 것이다. 환자는 기차 여행을 하고 있는데 사고가 나고 그녀의 아이들과 분석가가 그녀에게 무슨 일이 일어났는지 알지 못할 것이라고 상상한다. (위니캇은 자신을 비인격적으로 "그녀의 분석가"라고 부른다.) "그녀는 비명을 질렀을지 모르지만 그녀의 어머니는 듣지 못했다"(p. 21). 그런 다음 환자는 고양이를 몇 시간 동안 울게 놔두었을 때의 "가장 끔찍한 경험"(p. 21)에 대해 이야기한다. 이것은 "그녀가 어린 시절 내내 경험한 수많은 분리들과 합쳐진다"(p. 21), 그녀가 감당할 수 있는 범위를 넘어섰고 "따라서 외상적이었고 새로운 방어 체계를 조직해야 했다"(p. 21).

위니캇은 다음과 같이 논평한다: "분석 자료의 많은 부분은 관계의 부정적인 측면에 도달하는 것과 관련이 있다. 즉, 부모가 없을 때 아이가 경험해야 하는 점진적인 실패와 관련이 있다."(p. 21). 여기서 위니캇은 그가 사용하는 방식을 통해 *부정적*이라는 단어를 재창조하고 있다.[2] 위니캇에게 이 용어는 부모가 아이에게 적절하게 사용이 가능하지 못한 것과 부모의 과도한 부재로 인해 아이가 겪는 정신적 실패(피해)를 모두 나타낸다.

환자는 자신의 아이 양육 실패에 화가 났다: 그녀는 두 번째 아이를 임신했을 때 남편과 휴가를 갔는데, 두 살짜리 아이를 3일 동안 남겨 두었다. 그녀가 떠난 후 아이가 4시간 동안 울었다고 들었고, 환자가 돌아온 후 다시 관계를 맺는 데 오랜 시간이 걸렸다.

> [아동에게 이별과 임신에 대해] 아무런 이해도 주지 않는다면, 그리고 엄마가 새로운 아기를 낳기 위해 떠난다면, 아동의 관점에서 엄마는 죽은 것이다. 이것이 바로 죽음의 의미이다. (pp. 21-22)

여기서 위니캇은 죽음이라는 단어를 재발명하고 있다. 죽음은 아동의 마음속에서 엄마의 상태를 의미하는데, 엄마의 신체적, 정서적 부재는 아동이 이해할 수 없고, 부재 기간은 아이가 견딜 수 있는 것보다 더 길다. 이로 인해 아동은 엄마를 정서적으로 단절시키며 자신을 방어하게 된다.

그것은 며칠, 몇 시간 또는 몇 분의 문제이다. 그 한계에 도달하기 전까지

---

2   앙드레 그린Andre Green(1997)은 위니캇이 사망한 후에 동일한 환자를 치료했으며, 위니캇의 논문에서 "성에 대한 중요한 검열"을 포함한 다른 것들을 수정한다고 믿는, 자신만의 부정negative에 대한 개념을 개발했다(p. 1079).

는 엄마가 아직 살아 있다; 이 한계를 넘어서면 엄마는 죽은 것이다. 그 사이에는 소중한 분노의 순간이 있지만, 이것은 금방 사라지거나, 어쩌면 경험되지 못하고, 항상 잠재적인 형태로 있으며 폭력에 대한 두려움을 수반한다.(p. 22, 이탤릭체 추가)

어머니의 부재에 대한 반응으로 상실의 고통뿐만 아니라 통제할 수 없는 상실에 대한 반응으로 아이에게 발생할 수 있는 손상("새로운 방어 체계의 조직")을 완화할 수 있는 순간적인 기회가 있다. 그 순간적인 기회는 아이가 경험할 수 있는 "소중한 분노의 순간"에 있다. 나는 위니캇이 이 분노의 감정을 아이가 자신 외부의 세상에서 일어나는 일을 실제로 인지하고, 느끼고, 이해하고, 분노로 반응하는 능력의 산물로 보고 있다고 생각한다. 나는 아동이 분노를 느끼고 표현할 때, 현존하는 대상이 받아들이고, 수용하고, 그것과 함께 살고, 그것으로 인해 변화하기 때문에 그것이 "소중한 분노의 순간"이라고 믿는다. 나는 통제할 수 없는 이별이 발생할 때 주로 엄마가 죽는 것이 아니라 정신적으로 죽는 것은 아동이라고 말하고 싶다. 이것이 또한 죽음이 의미하는 바이다.

경험되지 못하는 분노는 – 아동이 견딜 수 있는 한계를 넘어 강제로 겪게 될 때 – 아동에게 "잠재적인 상태"로 남지만, "폭력에 대한 두려움"을 품고 있기 때문에 표현되지 않는다. 내 생각에, 두려워하는 폭력의 대상은 엄마가 아니다. 엄마는 죽었고, 더 이상 아동에게 존재하지 않기 때문이다; 아동의 분노는 자기 자신을 향해 표출된다. 이것이 분석적 환경에서 그 "소중한 분노의 순간"을 되찾는 것을 그토록 어렵고 위험하게 만드는 것이다; 환자의 생명은 자신(현존한다고 느끼는 유일한 사람)을 향한 분노의 결과로 위태로워진다.

여기서 우리는 서로 매우 다른 두 가지 극단적 상황을 만난다. 엄마가 현존

할 때의 죽음과, 엄마가 다시 나타나지 않기 때문에 다시 살아날 수 없을 때의 죽음이다.(p. 22)

이 극단적인 두 가지 경험 중 첫 번째는, 정서적으로는 현존하는 엄마의 죽음을 경험하는 것이며, 이때 아동은 그 소중한 분노의 순간 속에서 자신의 감정을 느끼고 표현할 수 있다. 두 번째는, 엄마가 떠날 때, 그녀가 부재한 동안, 그리고 돌아온 이후에도, 아동이 심리적으로 엄마를 붙들 수 없을 때 일어나는 엄마(그리고 아동)의 죽음이다. 이 엄마는 아동에게 더 이상 살아 있는 존재가 아니다(여기에 덧붙이자면 아동 역시 자기 자신에게 더 이상 살아 있는 존재가 아니다).

환자는 11살쯤, 제2차 세계대전 중 위탁가정으로 피난을 가게 되었다.

... 그녀는 자신의 어린 시절과 부모를 완전히 잊어버렸지만, 그 시간을 보내는 내내 자신을 돌봐주던 사람들을 "삼촌"이나 "이모"라고 부르지 않을 권리를 꾸준히 지켜나갔다. 당시에는 그것이 일반적인 방식이었지만, 그녀는 그 수년 동안 그들을 *어떤 호칭으로도 부르지 않는 데* 성공했다. 그리고 이것은 그녀가 부모를 기억하는 것의 부정적인 형태였다. 이러한 모든 행동 패턴은 그녀의 어린 시절 초기에 이미 형성된 것이었음을 이해할 수 있을 것이다.(p. 22)

여기서 "부정적negative"이라는 단어가 두 번째로 등장하며, 위니캇이 사용하는 방식에 따라 그 의미가 계속 확장된다. 글 앞부분에서 *부정적*이라는 단어는 부모의 과도한 부재로 인해 아이가 겪는 정신적 "실패", 즉 손상과 관련이 있었다. 이제 여기에 새로운 의미가 더해진다. 환자가 위탁부모를 어떤 호칭으로도 부르지 않기로 한 것은 "기억의 부정"이며, 이는 단순한 망각과는 다르다. 기억의 부정은 단순히 잊는 것보다 훨씬 더 능동적인 과정이다. 그것은 "대체 부모"의 존재라는 거짓을 강하게 거부하는 것이며, 그 거짓을 부정하고, 진실에 집요하게 매달리는 것이다. 다시 말해, 그것은 '부재의 실제성'을 긍정하는 행위이다. 위탁부모는 환자의 삼촌도, 이모도 아니었기 때문에 그녀는 그들을 그렇게 부르기를 거부했던 것이다.

위니캇은 다음과 같이 덧붙인다:

> 이로부터 내 환자는 오직 진짜인 것은 '공백'이라는 입장에 이르게 되었고, 이는 전이 과정에서도 다시 드러났다. 다시 말해 죽음, 부재, 혹은 기억상실만이 진짜라는 것이다. 회기 중에 그녀는 특정한 기억상실을 경험했고, 그것은 그녀에게 불편함을 주었다. 그리고 내가 이해해야 했던 중요한 메시지는 어떤 것은 완전히 지워질 수 있으며, 이 공백만이 유일한 사실이자 유일하게 진짜일 수 있다는 점이었다. 기억상실은 진짜이지만, 망각 된 것들은 현실성을 잃은 것이다.(p. 22)

환자에게 진짜로 느껴지는 것은 '지워짐', '공백', 그리고 '기억상실'뿐이며, 그녀가 기억상실을 겪고 있는 대상인 부재한 엄마는 아니다. 망각될 수 있는 진짜가 애초부터 없었기 때문에 망각된 것은 아무것도 없다. 전쟁 중 피난을 갔을 때, 그녀가 느꼈던 감정은 '그리움'이 아니었다. 여기서 "부정(the negative)"이라는 개념에 더해지는 것은, 부정의 경험이 두 가지 김징을 동시에 포힘한다는 점이다. 즉, 살아 있는 이떤 것도 상실되지 않았다는 느낌과 동시에, 그 '없음' 자체가 살아 있고 실제적이라는 느낌이 그것이다. 이 점을 또 다른 방식으로 표현해 보자. 현존의 반대는 '부재(absent)'가 아니다. 왜냐하면 '부재한 것' 중 진짜인 것은 없기 때문이다. 부재한 것은 결코 현존한 적이 없으며, 부재의 상태에서 다시 현존으로 돌아올 수 없다. 위니캇은 "역설"이라는 용어를 직접 사용하지는 않지만, 나는 그가 "부정" 개념을 사용하는 방식에서 역설적 사고를 하고 있다고 본다. *기억되지 않는 것은 망각된 것이 아니다. 기억할 것도, 잊을 것도 없다. 왜냐하면 진짜처럼 느껴졌던 어떤 현존하는 것이 처음부터 없었기 때문이다. 공백, 죽음, 없음—이것이야말로 진짜처럼 느껴지는 것이다.*

여기서 주목할 점은, 위니캇이 이 글에서 "내적 대상관계internal object relationships," "자아," "억압 장벽," "억압된 무의식적 갈등" 같은 용어를 거의 사용하지 않는다는 것이다. 다른 분석가들의 작업을 언급할 때 몇 차례 "무의식"이라는 용어를 사용한다. 물론, 위니캇의 사고 속에 조직의 도식으로 지형학적 모델이 아예 없는 것은 아니지만, 이는 위니캇이 정신분석 이론적 사고와 임상적 사고 모두에서 정신분석의 언어를 바꾸고 있다는 것을 의미한다. "부정the negative"은 존재하지 않는 것의 실제성realness 속에서 살아 있음aliveness의 성질을 가리킨다. 이 개념은 의식과 무의식이라는 구분을 초월한다. 기억상실, 공백, 부재의 경험은 의식적인 현상일까, 무의식적인 현상일까? 이 질문은 무의미하다. 왜냐하면 부재의 존재감, 공백, 기억상실, 부정의 경험은 인격 전체를 관통하는 것이며, 의식이냐 무의식이냐로 구분될 수 없기 때문이다. 살아 있음과 죽어 있음, 진짜와 가짜의 특성은 의식과 무의식이라는 구분을 초월한다(Ogden, 2019, 2020). "나에게 자기self란, 자아가 아니며, 바로 나인 사람, 오직 나만이 될 수 있는 사람이며, 성숙 과정의 작용에 기반한 전체성을 가진 존재이다"(Winnicott, 1971e, 재인용: Abram, 2013, p.313).

전이는 더 이상 단순히 분석가를 무의식 속 내적 대상이나 대상관계의 투사로 경험하는 행위를 의미하지 않는다(이는 프로이트, 클라인, 페어베언의 입장). 위니캇에게 있어 전이란, 환자가 분석가를 진짜로 느끼는가, 가짜로 느끼는가, 살아 있는가, 죽어 있는가, 진실한가, 거짓된가를 포함한다. 그리고 그는 말한다: "이 모든 것의 패턴은 그녀의 초기 아동기에 이미 형성되어 있었음을 이해할 수 있을 것이다."(p. 22)

위니캇은 한 가지 사례를 들려준다. 어느 회기 중 환자가 퇴행 상태에 있을 때, 그의 상담실에서 "담요"를 사용한 적이 있었지만, 이제는 그것을 더 이상 사용하지 않는다는 것이다.

> 그 이유는 그 곳에 있지 않은 담요가(그녀가 가지러 가지 않았기 때문에), 분석가가 가져다줄 수도 있는, 그가 분명히 가져다줄 계획이었던 담요보다 더 진짜처럼 느껴지기 때문이다. (p. 22)

여기서도 위니캇은 자신을 "나(I)"가 아닌 "그 분석가the analyst"라고 지칭하며, 심지어는 자신의 강한 내적 확신에 대해 이야기할 때조차도 3인칭 "그he"를 사용한다: "그가 분명히 가져다줄 계획이었던." 이런 식으로 그는 환자에게(그리고 아마도 자신에게) 자신이 비현실적이라고 암시한다. 그는 전이(그리고 아마도 역전이)에서 실제적이고 현존하는 분석가의 부정이다.

그런 다음 환자는 위니캇에게 이렇게 말한다:

> 이전 분석가는 "현재의 분석가보다 항상 나에게 더 중요할 것입니다." 그녀는 이렇게 덧붙였다. "당신이 나에게 더 잘해 줄지 모르지만, 나는 그를 더 좋아합니다. 이것은 내가 그를 완전히 잊게 되었을 때에도 사실일 것입니다. 그의 부정은 당신의 긍정 보다 더 현실감을 줍니다."(pp. 22-23)

이제 환자가 위니캇에게 말하는 방식에 적대적인 면이 있다. 환자가 위니캇을 "현재의 분석가"라고 부를 때, 그녀는 인칭 대명사 '당신'을 사용하지 않음으로써 그를 양부모를 대했듯이 대하는 것처럼 보인다. 그가 물리적으로 존재한다는 사실에도 불구하고, 그는 그녀에게 실제적이지 않다. 환자는 "그의 부정은 당신의 긍정보다 더 현실감을 줍니다"라고 말하면서 "긍정"이라는 개념을 소개한다. 여기서 "긍정"이라는 개념은 예상치 못한 의미를 지니게 되었다: 현존하지만 비실제적unreal이다.

환자와 위니캇이 이 회기에서 다루고 있는 역설은 이제 더 정제된 형태로 표현될 수 있다: *부재는 현존이고 현존은 부재이다*. 이 역설을 해결하려고 시도하는 것은 유혹적이지만(선형적인 방식으로 이해하는 것), 해결되지 않은 역설의 형태에서만 현상의 진실을 감지할 수 있다.

이 시점에서 위니캇이 환자의 어린 시절 상상을 묘사하면서 사례 논의는 약간 파편화된다. 침대 발치에 있는 천사, 손목에 사슬로 묶인 독수리, 그리고 그녀가 "어디든 함께 타고 다닐" 장난감 흰 말(p. 23). 환자는 이어서 "절대 사라지지 않는 무언가를 원하는 것 같아요"라고 말한다(p. 23). "우리는 진짜는 여기에 없는 것이라고 말함으로써 이것을 공식화했다"(p. 23). 위니캇이 환자에게 "해석했다"거나 "보여주었다"고 말하지 않았다는 점에 주목해 보자. 그는 "우리가 공식화했다"고 말한다.

환자는 분리를 다루는 데 사용한 방법을 설명한다. "엄마가 없는 날마다 종이 거미의 다리를 떼어내는 것"(p. 24)이었는데, 이 기술은 환자가 자신을 해체하고 엄마가 없는 날마다 덜 온전하고 덜 실제적이 되는 것을 반영하는 것 같다. 그녀는 토비라는 장난감 개를 보는 "섬광"(p. 24)을 경험한다. "아, 토비가 있네"(p. 24). 그녀는 이 섬광 속에서만 토비를 기억한다.

이것은 그녀의 엄마가 그녀에게 "하지만 우리가 없는 동안 네가 우는 것을 '들었어'."라고 말한 끔찍한 사건으로 이어졌다. 그들은 4마일 떨어져 있었다. 당시 그녀는 두 살이었고 그녀는 "엄마가 나에게 거짓말을 한 걸까?"라고 생각했다. 당시 그녀는 이 사실을 감당할 수 없었고, 자신이 진실이라고 알고 있는 것, 즉 엄마가 거짓말을 했다는 사실을 부인하려고 애썼다. 모두가 "엄마가 정말 훌륭하시네요."라고 말했기에, 그런 엄마를 믿기는 어려웠다. (p. 24)

흥미롭게도, 위니캇은 환자가 두 살이었을 때의 엄마에 대한 "기억나는" 경험과 환자가 두 살이었을 때 자신의 아이와 함께 한 경험 사이의 밀접한 유사성에 대해 언급하지 않는다: 환자가 아이를 두고 3일 동안 떠났을 때, 아이는 "멈추지 않고 4시간 동안 울었다"(p. 21). 환자는 어린 시절에 일어났던 일을 자신의 아이와 반복했다. 위니캇은 환자가 두 살 때 일어났던 일에 대한 기억을 액면가 그대로 받아들이는 것처럼 보이지만, 나는 그가 그렇게 하고 있다고 생각하지 않는다. 그는 환자의 "이야기"가 기억인지, 환상인지, "공상"인지에 대한 질문에 관심이 없다. 그는 환자가 말하는 것을 사실이나 환상에 대한 진술이 아니라 의사소통으로 받아들이는 것 같지 않고, 아마도 환상과 현실 사이의 중간 공간에서 태어난 무언가일 것이다.

위니캇은 그와 환자가 "내 관점에서 다소 새로운 아이디어에 도달했다"고 말한다(p. 24):

> 여기에 아동의 그림이 있었고 아동은 중간 대상[토비, 장난감 개, 장난감 흰 말]을 가지고 있었다... 그리고 이 모든 것은 무언가를 상징했고 아동에게는 실재했다. 그러나 점차적으로, 또는 아마도 잠시 동안 자주, 그녀는 *그것들이 상징하는 것의 현실성을 의심*해야 했다. 다시 말해, 그것들이 엄마의 헌신과 신뢰성을 상징한다면, 그 자체로는 현실적이지만 그것들이 대표하는 것은 현실이 아니었다. 엄마의 헌신과 신뢰성은 비현실적이었다.(p. 24)

중간 대상은 실제 엄마와의 사랑스럽고 신뢰할 수 있는 관계의 현실성에 의존하며, 그 사랑과 신뢰성이 더 이상 존재하지 않을 때 중간 대상은 유지될 수 없고 평범한 대상, 위로하고 안심시키며 살아 있는 힘이 없는 것이 된다. 엄마의 사랑이 비현실적이 되었기 때문에 환자가 가진 것은 더 이상 중간 대상이 아닌 단순한 물건인 장난감일 뿐이었다. 이것이 또한 죽음이 의미하는 바이다.

환자는 이어서 "내가 가진 것은 내가 가지지 못한 것뿐입니다"라고 말했다(p. 24).

이 시점에서 위니캇은 이 임상적 사례에서 나에게 가장 중요한 문장 중 하나를 기술했다:

> 여기에는 부정적인 것을 모든 것의 종말에 대한 최후의 방어 수단으로 바꾸려는 필사적인 시도가 있다. 부정적인 것이 유일한 긍정적인 것이다.(p. 24)

환자는 부정적인 것, 즉 실제처럼 느껴지는 자신의 존재 속의 공허함, 틈새를, 자신의 정신적 죽음, "모든 것의 종말"에 대한 최후의 방어 수단으로 사용하고 있다.

"부정적인 것이 유일한 긍정적인 것이다"라고 말하면서, "긍정적인" 것은 더 이상 단순히 현재에 존재하는 것을 가리키는 것이 아니라 비현실적인 것을 가리키는 것 같다. 이제는 실제로 느껴지는 부재(간격)를 가르키며, 환자의 정신 건강, 즉 자기 자신을 보존하기에는 부족하다고 느끼는 경계를 나타낸다.

그녀가 이 지점에 도달했을 때["내가 가진 것은 내가 갖지 못한 것뿐입니다"라고 말한 후] 그녀는 분석가에게 "그럼 당신은 이에 대해 어떻게 할 건가요?"라고 물었다. 나는 침묵했고 그녀는 "아, 알겠습니다."라고 말했다. 나는 아마도 그녀가 제 능숙한 무활동에 분개하고 있다고 생각했다. 나는

"무슨 말을 해야 할지 몰라서 침묵합니다."라고 말했다. 그녀는 재빨리 이것이 괜찮다고 말했다. 사실 그녀는 침묵이 기뻤고, 내가 아무 말도 하지 않았더라면 더 좋았을 것이라고 말했다.(p. 24)

나에게 있어서 이 회기는 여기서 확 전환된다. 환자가 "그럼 당신은 이에 대해 어떻게 할 건가요?"라고 묻는 목소리의 어조에는 아주 새로운 것이 있다. 여기서 환자는 위니캇의 존재를 인지하고 질문/요구에서 인칭 대명사 '*당신*'을 사용함으로써 그를 자신과 같은 방에 있는 것처럼 느끼게 한다. 위니캇은 깜짝 놀라 어찌할 바를 모르는 듯하다. 그는 "나는 침묵했고, 그녀는 '아, 알겠습니다.'라고 말했다."고 보고한다. 위니캇은 환자가 자신을 판에 박힌 수동적 분석가의 역할에 "능숙"하다고 비웃는 상상에 대해 말한다.

위니캇은 "무슨 말을 해야 할지 몰라서 침묵합니다."라고 대답하는데, 나(그리고 아마도 환자)는 이 대답이 놀라울 정도로 솔직하다고 생각한다. "그녀는 재빨리 괜찮다고 말했다. 사실 그녀는 침묵이 기뻤고, 내가 아무 말도 하지 않았더라면 더 좋았을 거라고 했다." 나는 이 두 문장을 읽을 때마다 깜짝 놀란다. 환자는 자신이 원하고 필요한 것(침묵)과 원하지 않고 필요하지 않은 것(위니캇의 사과의 말)을 정확히 알고 있다는 것을 위니캇에게 전달하고 있다. 지금 이 순간 그녀를 상상해 보면 그녀는 조용히, 단호하게, 약간 화가 나고 성급하지만, 동시에 미묘하게 장난기가 있다.

이 구절을 읽으면서 동시에 두 가지 일이 일어나는 것 같다. 환자가 소중한 분노의 순간을 느끼고 표현할 수 있는 기회이다. 그리고 동시에 환자는 위니캇에게 그가 침묵하는 것이 더 낫다고 말하는 것 같다. 그녀는 위니캇(1963)이 "영구적으로 소통되지 않는"(Winnicott, 1963, p.187) 핵심 자기라고 묘사한 것, 즉 "신성하고 보존할 가치가 가장 큰"(p. 187) 핵심 자기를 경험하며 혼자 있고 싶고 또 필요하기 때문이다.

후자의 가능성은 (같은 문단에서) 바로 뒤에 나오는 문장에 의해 뒷받침된다: "아마도 조용한 분석가로서 나는 그녀가 항상 찾을 것이라고 알고 있는 이전 분석가와 합류했을지도 모른다"(p. 24). 환자가 좋아하고 "[환자의] 일반적인 주관성의 우물에 가라앉을"(p.25) 분석가이다. 아마도 회기의 이 순간에 위니캇은 무언가가 변하고 있다고 느꼈을 것이다: 그의 존재는 이전 분석가의 존재와 합류하여 표상적으로 정의되지 않고, 환자의 존재 그 자체, 그녀의 "일반적인 주관성의 우물"에 통합되는 과정에 있다.

그는 "그녀가 어떤 의미였는지"에 대해 계속해서 곰곰이 생각한다 (p. 25). 아마도 그와 이전 분석가는 "엄마를 상실하기 이전에, 그리고 자신의 엄마가 가진 엄마로서의 부족함을, 즉 엄마의 부재를 알아차리기 이전에 그녀가 발견했다고 생각했던 것과 연합하고자 하는 것이다"(p. 25). 이 문장의 의미는 내가 이해하기 어려우므로, 나는 그의 글을 읽는 것 외에도 여기에 위니캇을 대신하여 써야 한다. 아마도 환자는 "엄마가 가진 엄마로서의 부족함을 알아차리며" 엄마를 상실하기 전에 자신이 가지고 있다고 생각했던 엄마의 버전, 즉 믿음직스럽고 헌신적인 엄마를 중심 핵에 간직할 것이다. 나중에 엄마를 상실하게 되었지만, 한때 그녀는 "진정한 엄마가 있다고 생각했다". 환자가 위니캇에게 그녀가 그가 침묵하는 것이 좋겠다고 말하면서(아마도 그녀가 그의 현존에서 혼자 있을 수 있도록 하기 위해서일 것이다 [Winnicott, 1958b])

이러한 자비로운 버전의 엄마, 진정한 엄마가 전면에 등장한다. 회기는 계속 변화하며 "약간의 게임"(p. 25)으로 끝난다. 환자는 위니캇에게 그녀가 휴가철에 집을 방문하기 위해 실제로 타려고 하는 기차 여행에 위니캇이 그녀와 동행한다는 이야기를 한다.

> [그녀]는 말했다: "글쎄요, 당신은 나와 함께 가는게 좋겠어요, 어쩌면 중간 까지만요." 그녀는 나를 떠난다는 것이 그녀에게 얼마나 중요한지에 대해 이야기하고 있었다.(p. 25)

환자의 이야기에서 "조금 후에, 그녀가 나에게서 멀어지면 더 이상 중요하지 않을 것입니다"(p. 25). 환자가 위니캇에게 말하는 이야기에서 그녀는 위니캇을 잊을 수 있는 중간 지점이 있기를 바라는 것 같다. 중간 지점에서 그녀가 그를 마음에서 제거하는지(틈을 남겨두는지) 아니면 그를 마음 속에 간직하는지 아직 확실하지 않다.

> 그래서 중간 지점의 역에서 나[위니캇]는 차에서 내려 "무더운 기차로 돌아왔고", 그녀는 내 모성적 동일시 측면을 비웃으며 이렇게 덧붙였다: "그리고 그것은 매우 피곤할 것이고, 많은 아이들과 아기들이 있을 것이고, 그들은 당신에게 온통 기어오를 것이며, 아마도 당신의 온몸에 토할 것이고, 쌤통이죠."(p. 25)

중간 지점 역에서 위니캇은 "돌아올 것"이지 "돌아갈 것"이 아니기 때문에 이런 의미에서 환자는 집으로 돌아갈 때 위니캇과 함께 있다. 그는 이야기 속에서 그녀에게 살아 있고, 그녀는 그를 떠날 때에도 그와 함께 있다. 그녀가 자신의 이야기를 들려줄 때 환자의 목소리의 부드럽고 아이 같은 어조는 "그럼 당신은 이에 대해 어떻게 할 건가요"라고 묻는 그녀의 복잡한 목소리와는 완전히 다르다. 위니캇은 환자를 위해 살아있고 현재에 머물러 있었고, 환자는 앞서 질문/요구했던 "소중한 분노의 순간"을 그와 함께 경험할 수 있었고, 이제는 그의 예상되는 부재에 대한 반응으로 훨씬 더 장난기 넘치는 분노 표현을 제공한다. 그녀는 그에게 혼자 돌아오는 길에 "많은 아이들과 아기들이 있을 것이고…아마도 당신의 온몸에 토할 것이고, 쌤통이죠."라고 말한다. 이것이 바로 살아있다는 것의 의미다.

회기는 이렇게 끝난다:

> 그녀는 떠나기 직전에 말했다. "내가 전쟁 중에 피난을 가기 위해 집을 떠났을 때에 나의 부모님이 거기에 있는지 보러 갔다는 것을 아시는지요. 나는 그때 거기에서 그들을 만날 것이라고 믿었던 것 같아요"(이 말은 부모가 확실히 집안에 없었음을 암시한다). 이 말속에 담겨진 의미는 그녀가 이에 대한 대답을 찾는 데 한두 해가 걸렸다는 것이다. 그 답은 부모가 거기에 없다는 것이었고, 그것이 실제였다는 것이다.(p.25)

회기의 이 부분은 환자의 감정으로 돌아가는 것을 포함한다. "내가 가진 것은 내가 가지지 못한 것뿐이다." 여기, 회기의 끝에서 그녀는 추가적인 발견을 한다. 전쟁 중에 대피했을 때, 그녀는 보내진 곳에서 부모님을 찾을 수 있을지 알아보고 있었고, 위니캇은 그들이 집에서 분명히 발견될 수 없었고 그 부재, 그 틈이 그녀에게 실제였다고 추론한다. 대피 중에 그녀가 부모님을 찾고 있었다는(그리고 어디에서도 찾을 수 없었다는) 이러한 인식은 회기 중에 환자가 위니캇과 함께 경험한 것에 대한 진정한 발견이자 선물인 것처럼 보인다: 그녀는 "어떤 *담요*도 담요보다 더 중요할 수 없다"(p. 25)는 것을 발견했다. 그녀는 "그럼 당신은 이에 대해 어떻게 할 건가요?"라고 요구하며 그에게 분노를 표현할 기회를 가졌고, 기차 여행 중에 그들이 헤어진 이야기를 위니캇에게 들려주면서 그와 놀이의 경험을 했다. (위니캇은 언급하지 않지만, 회기가 끝날 때의 기차 여행은 환자가 회기 시작에 "공상하기fantasying"[p.21]를 했던 기차 여행의 변형된 버전이다. 그 여행에서 사고가 발생했고 환자는 비명을 지르며 "분석가"나 엄마 또는 다른 누구에게도 연락할 수 없었다.)

마음은 부정과 긍정, 실재와 비실재, 생과 사, 내적과 외적, 창조와 발견, 진실과 거짓이 뫼비우스의 띠의 면처럼 서로 변형하는 것처럼 소용돌이치지만, 이는 마음이 성장하는 방식이자 경험의 중간 영역에서 분석이 작동하는 방식이기 때문에 용인되어야 한다.

임상적 예시: 투명 인간

Y씨는 자신이 등록한 교육 프로그램의 책임자에게 자살 메모를 쓴 직후 분석을 시작했다. 책임자는 그에게 무기한 병가를 내주었다. 환자는 메모를 썼을 때 자살 충동을 느끼지 않았다고 설명했다. 그는 교육 프로그램을 그만두고 싶었지만 어떻게 해야 할지 몰랐다. 첫 번째 회기에서 Y씨는 아주 어릴 때부터 독서를 좋아했다고 말했다. 책을 손에 쥐는 묵직한 느낌이 좋았고, 독서를 좋아했지만, 읽은 내용은 거의 기억하지 못했다. 나는 그에게 독서에 대한 그의 설명을 들으니 젖을 힘차게 빨지만, 모유가 입에서 새 나오는 아기가 생각난다고 말했다. 그리고 이것을 알아차리고 대응하지 않으면 아기는 굶어 죽을 수도 있다고 했다.

이렇게 일주일에 5회씩 진행되는 이 긴 분석의 초기 몇 년 동안, Y씨는 엄마가 19세의 대학생 때 결혼했고, 성공한 변호사인 그의 아버지는 어머니보다 10살이나 많다고 말했다. 결혼하기 며칠 전, 그의 아빠는 식사 시간 외에는 쉬지 않고 부모님을 태우고 미국 반대편까지 운전했다. 그의 아빠는 운전대에서 졸았고 차가 추락하여 환자의 할아버지가 사망했다. 결혼식은 계획대로 진행되었다. Y 씨의 엄마는 결혼식 직전에 환자를 임신했다. 환자의 아빠는 엄마에게 환자를 돌보기 위해 대학을 중퇴하라고 주장했고, 엄마는 그렇게 했지만, 그 때문에 환자에게 깊은 원망을 품었다. Y씨는 이 사건에 대해 이야기하면서 목소리에 감정이 거의 없었다.

환자의 부모는 서로 거의 아무런 관계가 없었음에도 불구하고 함께 지냈다고 그는 말했다. 그들은 각자의 침실을 가지고 있었고 그의 아빠는 환자, 그의 엄마, 그의 여동생과 함께 식사를 한 적이 없다. 그의 엄마는 거의 집을 나서지 않았다. 전화로 식료품을 주문하고 카탈로그를 통해 옷을 주문했다. Y씨에게는 그의 엄마가 하루 종일 여동생이 학교에서 집에 돌아오기만을 기다리는 것처럼 보였고, 여동생이 집에 도착하면 그의 엄마는 학교에서 있었던 모든 일을 자세히 듣고 싶어했다. 그의 엄마는 환자에게 그의 엄마가 되는 데 관심이 없는 것처럼 보였다. 그는 세 살이나 네 살 때부터 눈에 띄지 않게 집을 드나들고 거리를 배회했는데, 때로는 자신이 보이지 않는 것처럼 느껴지기도 하고 이 때문에 겁에 질리기도 했다.

처음에는 자신의 삶에 대해 자세히 설명했지만, 무슨 이야기를 해야 할지 모르겠다고 말했다. 환자가 직장에서 일어난 일이나 아내와 두 자녀의 삶에 대해 짧고 공허하게 설명하는 동안 긴 침묵이 이어졌다.

Y씨는 한 번도 회기에 빠진 적이 없고 거의 늦지 않았다. 우리는 회기 중의 침묵이 마치 그가 엄마와 함께 있을 때의 엄마의 침묵처럼 느껴졌다고 이야기했다. 하지만 이러한 이야기들을 하면서 나는 환자가 실제로 그 *자신*으로 *존재하지 않고 자신에 대해* 이야기하고 있다고 느꼈다. 내 몽상은 꿈이 아닌 꿈처럼 느껴졌다(Bion, 1960; Ogden, 2003). 즉, 심리적 작업을 달성하지 못하는 꿈이었다. Y 씨는 가끔 아이들과 보드게임을 하거나 텔레비전을 보는 것을 즐긴다고 말했지만, 그때마다 나의 승인을 얻으려고 하는 것 같았다.

수년에 걸쳐 환자는 긴 침묵, 폭풍 같은 질문(회기당 50개 이상), 자신도 믿지 않는 관점에 대한 주장, 관심도 없는 주제에 대해 장황하게 말하기, 환자가 아닌 다른 사람의 관점에서 사건에 대해 자세히 설명하기 등 다양한 방식으로 회기를 채웠다. 그는 여러 종류의(표면적으로) 회기 동안 내가 한 말은 무시하는 듯했다.

이런 상태는 10년 이상 지속되었고, 그동안 환자는 거의 변하지 않았다. 나는 끝이 없을 것 같은 회기가 두려웠다. 나는 더 이상 할 수 없다고 느껴졌기 때문에, 분석을 종결하고 Y씨와 작업할 수 있는 누군가에게 의뢰하는 것에 대해 고민했다.

나는 분석 11년차에 회기를 시작하면서 Y씨에게 분석이 회기 중이나 분석 외의 삶에서 그에게 변화를 가져오지 못하는 것 같다고 말했다. 나는 어떤 회기는 실제로 일어날 수 있는 무언가의 약속으로 시작했지만, 시간이 지나면서 그런 일이 일어나지 않는다는 것이 드러났다고 말했다. 나는 다음과 같이 제안했다. 우리 둘 중 누군가가 회기에서 할 수 있는 일을 다 했다고 생각될 때, 그렇다고 말을 하고, 그때부터 나는 카우치 뒤의 의자에 앉아 책을 읽고, 그도 회기에 가져온 책을 읽거나 그냥 조용히 있을 것이다. 우리 둘 중 누구든 실제로 믿어지는 말이 있다고 느낄 때 다시 이야기를 시작할 것이다.

환자는 "당신이 읽고 있는 책을 쓴 사람과 흥미로운 대화를 나누는 동안 여기 누워 있고 싶지 않습니다. 차라리 떠나겠습니다."라고 말했다.

Y씨에게는 내가 책을 읽는 것이 엄마와 여동생의 대화를 듣는 경험을 반복하는 것처럼 느껴질 것 같았지만, 나는 그에게 이 말을 하지 않았다. 대신 "좋아요, 우리 둘 중 누구라도 그날 할 수 있는 일을 다 했다고 느낄 때 회기를 끝내는 게 어떨까요?"라고 말했다. (나는 이런 종류의 틀을 근본적으로 바꾸자고 제안한 적도 없고, 내가 치료했던 다른 환자에게 그렇게 할 것을 고려한 적도 없으며, 그 이후로도 그렇게 한 적이 없다.) 나는 이 틀의 변화가 Y씨에게 처벌처럼 느껴질까 걱정했지만, 그 시점에서 내가 상상할

수 있는 유일한 대안인 분석을 완전히 끝내는 것보다 이 가능성이 더 나은 것처럼 보였다.

이 변경 사항이 도입된 후 처음 몇 번의 회기 동안 Y씨는 최근 회기보다 더 많이 말했지만, 흔히 그렇듯이 그가 말하는 내용에 관심이 있는 것 같지는 않았다. 나는 이 회기들을 일찍 끝내지 않기로 했다. 몇 번의 회기가 더 진행된 후 환자가 주도권을 잡고 거의 완전히 침묵으로 가득 찬 회기를 약 15분 일찍 끝냈다. 다음 날 Y씨가 들어와서 말했다:

어제 회기를 일찍 끝내고 사무실에서 차로 걸어가는 동안, 바로 말씀드리고 싶은 생각이 떠올랐지만, 그럴 수 없어서 차에 타자마자 적어 두었습니다. 제가 읽어드려도 될까요?

나는 가능하다고 대답했다. Y씨는 쓴 내용을 읽어 주었지만, 다 읽고 나서는 생각하면서 적었을 때는 매우 흥미로웠지만, 읽었을 때는 밋밋하게 들렸다고 했고, 다 증발해 버렸다고 했다. "이제는 사라졌어요."라고 그는 말했다. 나는 이렇게 대답했다. "당신이 생각하고 적어두었던 것은 지금 여기에 없지만, 그 생각과 글을 쓰면서 느꼈던 감정은 사라지지 않았어요. 그 감정은 진짜였고, 당신에게 진짜 무언가를 남겼습니다." 환자가 그 회기의 그 부분 동안 상담실 밖에 있었음에도 불구하고 그의 경험이 "50분 회기 중에" 일어났다는 것은 의미심장했다.

Y씨가 일찍 떠난 후 나는 나머지 회기 동안 소파 뒤에 있는 의자에 앉아 있었고 때때로 내가 생각하고 느낀 것을 적었다. 이 작업 기간이 시작된 지 얼마 안 되어 회기가 일찍 끝난 후 몽상에 빠졌다. 엄청 무서운 갱단의 무리가 나를 쫓고 있었다. 그들이 나를 죽이기 전에 고문할 것이라는 데 의심의 여지가 없었다. 그들을 죽이거나 탈출하는 것이 불가능해 보였기 때문에, 나는 그들이 나를 붙잡아 고문하기 전에 스스로

를 죽일 방법을 찾으려고 했다. 하지만 나는 방법을 찾을 수 없었다. 이 몽상에서 "깨어났을" 때 심장이 쿵쾅거렸다. 회기의 나머지 시간 동안 나는 엄마도 아빠도 없이 완전히 혼자 자라는 고통에 대처하는 환자의 방법에 대해 생각했다. 나는 그가 진짜 자살 유서라는 것을 깨닫지 못했던 그의 유서, 그를 완전히 공허하게 만드는 방식으로 책을 읽던 것, 그리고 엄마, 아빠, 아내, 아이들, 그리고 나와 고립되는 것, 그러면서 자신을 완전히 없앨 방법을 찾지 못했던 것을 떠올렸다.

환자는 다음 회기를 시작하며 말했다:

어제 당신이 일찍 회기를 끝내고 나서 차로 걸어가는 동안, 나는 머릿속에서 당신과 대화를 했어요. 당신에게 속아서 우리가 하는 이 새로운 방식에 참여하게 했고, 다른 환자들도 같은 방식으로 속았다고. 하지만 그 느낌도 사라졌어요.

잠시 침묵 후, Y씨는 말했다. "제가 여기서 하는 모든 말이 제 실제 목소리가 아니라 메아리처럼 들립니다. 제 목소리를 듣는 게 지루해요; 사실, 참을 수 없어요. 그게 아니거든요... 잘 모르겠어요... 그냥 그렇지 않아요."

나는 말했다. "그냥 그렇지 않아요. 그리고 *당신*은 그냥 그렇지 않아요."

"회기에서 가장 좋은 부분은 제가 여기를 떠난 후인데, 여기로 돌아오면 그것이 없어져요." 잠시 멈춘 후 그는 덧붙였다. "저는 이야기할 상대가 저뿐인데... 예전에는 그것도 없었어요."

나는 말했다:

당신은 어렸을 때부터 너무 외롭고 공허해서 자살 방법을 찾았지만, 죽을 때 살아남고 싶어서 찾지 못했던 것 같아요.

(Y씨에게 이렇게 말하면서야 내가 고안한 분석의 틀의 특정 변화가, 죽음 이후에도 살아남는 경험에 적합하다는 것을 깨달았다.)

환자는 "말하면 안 될 말이지만, 특히 밖이 어두울 때 회기를 일찍 끝내는 것을 좋아합니다. 어둠 속에서 혼자 시간을 보낼 수 있어서 좋습니다. 그때는 생각할 수 있으니까요."라고 대답했다. (이것이 바로 지금 Y씨에게 살아있다는 것의 의미이다.)

우리 중 한 명이 그날 할 수 있는 일을 다 했다고 느꼈을 때 회기를 끝내자는 "합의"는 6~7개월 동안 계속되었다. 우리 중 한 명이 회기를 일찍 끝냈을 때, 나는 우리가 Y씨가 어린 시절에 죽었던 것처럼, 침묵이나 무의미한 이야기에 우리가 익사(죽음) 당하는 수동적인 경험이 아닌 다른 일을 하고 있다고 느꼈다. 환자는 삶의 초기부터 살아남았을 뿐이지 성장하지는 못한 것 같다. 수년간의 분석에서도 마찬가지였다. 분석의 틀이 변경된 기간 동안 나는 Y씨의 이야기가 나에게 공허하거나 거짓으로 들린 이유는, 그가 충분히 온전한 사람이 아니었고, 충분히 살아있는 개인이 아니었기 때문에 자신에게 무엇이 실재이거나 비실재로 느껴지는지 알 수 없었다는 것을 깨닫기 시작했다. 어린 시절 환자의 죽음에 대한 경험은 회기에서 끊임없는 공허한 침묵과 무의미한 이야기의 형태를 띠었고, 환자와 나 모두 견디기 힘들었다. 그 경험은 환자가 회기 동안 처음에는 상담실 밖에서, 나중에는 상담실 안에서 자신의 감정을 경험하고 생각할 수 있게 되면서 덜 숨 막히는(덜 치명적인) 경험이 되었다.

우리는 점진적으로 각자 회기를 일찍 끝내는 관행을 버렸지만, 그 기간 동안 우리가 가졌던 경험, 즉 환자가 상담실 밖에, 자신의 죽음의 경험 밖에 있는 회기의 일부 동안 살아나기 시작하는 경험은, 그 이후 몇 년 동안 분석에서 중심 역할을 했다.

Y씨와 함께 작업하면서 틀을 바꾼 것에 대해 글을 쓰면서 나는 위니캇이 환자가 부정적인 것, 간극의 실제성에 대한 강렬한 애착을 "모든 것의 종말에 대한 최후의 방어"라고 생각한 것을 떠올린다(p. 24). Y씨와 함께 작업하면서 내가 틀을 바꾼 것은 분석의 종말, 어린 시절 환자의 죽음에 빠져드는 환자와 나, 그리고 모든 것의 종말에 대한 최후의 노력처럼 느껴졌다.

나는 비온Bion, 시밍턴Symington, 피크Pick, 콜타르트Coltart 등의 이론이, 내가 Y씨와 함께 작업하면서 분석 틀의 급진적인 변화를 도입하기로 "결정"한 정신 상태에 어떻게 기여했는지를 간략하게 논의하면서 마무리하겠다. 그러한 영향 중 하나는 비온(1978)의 임상 토론 중 하나에서 발생한 대화였다. 한 발표자는 자신의 환자가 "남편과 이혼하면 온갖 남자들과 성관계를 갖고 자유로운 창녀처럼 행동할까 봐 두렵다"(p. 259)라고 말했다. 발표자는 환자가 창녀처럼 느끼는 이유는 아버지가 그렇게 말했기 때문이며, 분석가인 그가 같은 결론에 도달할까 봐 두려워한다고 더 설명했다. 비온이 답하기를:

> 당신의 말을 고려해 볼 때, 그녀가 제가 마음대로 그녀를 호칭하는 것에 대한 자유를 제한하려 하는지에 대해 그녀의 주의를 환기시키려고 노력을 할 것 같습니다... 왜 제가 그녀를 창녀 혹은 전혀 다른 존재라고 생각하는 것에 대해 자유롭게 의견을 가질 수 없겠습니까? (p. 259)

비온은 여기서 환자가 의식적이든 무의식적이든 방식으로 막으려 하더라도, 분석가의 모든 생각을 할 수 있는 자유가 있는 것의 중요성을 강조한다. Y씨와 함께 작업하면서 틀을 바꾸기 전 수년 동안 정신적 생존을 관리하는 것이 매우 어려웠고, 생각의 자유는 더더욱 어려웠다.

시밍턴은 비온이 분석가의 생각의 자유에 관한 이론을 이어간다. 시밍턴에게 그러한 자유는 분석가가 "무의식적 지식의 특정 [제한적인] 패턴"(p. 290)에서 자신을 해방할 수 있는 능력에 달려 있다. 처음부터 분석적 쌍은 단일 "공동 개체corporate entity"(p. 290)의 일부가 되는데, 분석가는 분석가로서의 정체성을 회복하며 독립적인 사고를 할 수 있고 책임을 져야 한다. Y씨와 함께 작업하면서 제한적인 "무의식적 패턴"은 우리의 살아 있음의 한계에 대한 무의식적으로 공유된 일련의 가정과 살아 있음에 대한 두려움이 결합된 형태를 띠었다. 이 복잡한 감정 세트는 나의 몽상에서 묘사되었는데, 내 생명이 위협받는 가운데 자살할 방법을 찾으려 했지만, 찾을 수 없었다.

피크(1985)는 환자의 투사가 분석가의 [무의식적] 부분과 "짝짓기"하는 방식(p. 161)에 초점을 맞춘다. 이러한 부분은 환자의 정신적 문제에 핵심적이지만 분석가가 정서적으로 처리하는 데 어려움을 겪고 있는 부분이다. 그녀는 환자가 자신의 요소를 분석가의 특정 요소에 투사하는 데 매우 능숙하다고 언급한다. "환자는 분석가가 [환자의 정신적 문제의 핵심인] 문제를 회피하는지 아니면 대면하는지 의식적이든 무의식적이든 주의를 기울인다."(p. 165) Y씨와 함께 작업하면서 의식적, 무의식적 죽음의 경험 때문에 나는 분석을 거의 끝낼 뻔했다(그렇게 하면 나 자신과 환자를 위해 정신적 생생함과 죽음의 문제에 직면하는 것을 피할 수 있었을 것이다).

콜타르트(1985)는 우리가 "예상치 못한 것의 출현에 계속해서 열려 있는 것"의 중요성에 대해 논한다(p. 6). 그녀는 말하기를 "분석에서 어떤 회기 동안에는 분석가는 전혀 *생각*하지 않는다는 것은 사실이다. 적어도 그 단어를 일반적인 인지적 의미로 사용할 때 말이다"(p. 8). 그리고 우리가 환자의 정신적 성장을 도왔을 때, "… 우리가 실제로 그것을 어떻게 *했는지* 알고 있다고 결론 내리는 것은 현명하지 않다"(p. 14). 콜타르트는 여기서 틀을 바꾸는 아이디어가 "나에게 떠오른" 방식에 대한 나의 불확실성을 설명하는 개념을 제공한다. 더욱이, 이러한 변화가 환자가 상담실 밖에 있을 때 발생한 회기의 일부를 어떻게 분석적으로 잘 활용하게 되었는지는 이해할 수 없다. 그 시점에서 분석의 "형태"는 내적, 외적 조각들이 어느 정도 자리를 잡자 저절로 나타나는 것처럼 보였다.

참고문헌

Abram, J. (2007). *The Language of Winnicott: A Dictionary of Winnicott's Use of Words*, 2nd edition. London: Routledge.

Abram, J. (2013). DWW's notes for the Vienna Congress 1971. A consideration of Winnicott's theory of aggression and an interpretation of the clinical implications. In *Donald Winnicott Today*, ed. J. Abram. London: Routledge, pp. 302–330.

Bion, W. R. (1978). Four discussions. In *Clinical Seminars and Other Works*, ed. F. Bion. London: Karnac, pp. 241–292.

Bion, W. R. (1960). *Learning from Experience*. London: Tavistock.

Civitarese, G. (2016). On sublimation. *Int. J. Psychoanal*. 97: 1369–1392.

Coltart, N. (1985). Slouching towards Bethlehem. In *Slouching Towards Bethlehem*. New York: Guilford, 1992, pp. 1–14.

Copolillo, H. P. (1976). The transitional phenomenon revisited. *J. Am. Acad. Child Psychiatry* 15: 36–47.

Elmhirst, S. I. (1980). Transitional objects in transition. *Int. J. Psychoanal*. 61: 367–373.

Ferro, A., & Molinari, E. (2016). Discussion of "Peter the child who could not dream." *Psychoanal. Inq*. 36: 239–241.

Gabbard, G. O. (1994). Sexual excitement and countertransference love in the analyst. *J. Amer. Psychoanal. Assn*. 42: 1083–1106.

Gaddini, R. (2003). The precursors of transitional objects and phenomena. *Psychoanal. Hist*. 5: 53–61.

Gaddini, R., & Gaddini, E. (1970). Transitional objects and the process of individuation: A study of three different social groups. *J. Amer. Acad. Child Psychiatry* 9: 347–365.

Green, A. (1997). The intuition of the negative in Playing and Reality. *Int. J. Psychoanal.* 78: 1071–1084.

Green, A. (1999). *The Work of the Negative*. London: Free Association Press.

Greenacre, P. (1970). The transitional object and the fetish with special reference to the role of illusion. *Int. J. Psychoanal.* 51: 447–455.

Grolnick, S., Barkin, L., & Muensterberger, W. (eds.) (1978). *Between Fantasy and Reality: Transitional Objects and Phenomena*. New York: Aronson.

Klein, M. (1935). A contribution to the psychogenesis of manic-depressive states. *Int. J. Psychoanal.* 16: 145–174.

McKay, R. (2019). Where objects were, subjects now may be. The work of Jessica Benjamin and reimagining maternal subjectivity in transitional space. *Psychoanal. Inq.* 39: 163–173.

Ogden, T. H. (1995). Analysing forms of aliveness and deadness of the transference- countertransference. *Int. J. Psychoanal.* 76: 695–710.

Ogden, T. H. (2003). On not being able to dream. *Int. J. Psychoanal.* 84: 17–30.

Ogden, T. H. (2019). Ontological psychoanalysis or "What do you want to be when you grow up?" *Psychoanal. Q.* 88: 661–684.

Ogden, T. H. (2020). Toward a revised form of analytic thinking and practice: The evolution of analytic theory of mind. *Psychoanal. Q.* 89: 219–243.

Pick, I. B. (1985). Working through in the countertransference. *Int. J. Psychoanal.* 66: 157–166.

Quatman, T. (2020). *Accessing the Clinical Genius of Winnicott: A Careful Reading of Winnicott's Twelve Most Essential Papers*. London: Routledge.

Rudnytsky, P. (1993). *Transitional Objects and Potential Spaces: Literary Uses of D. W. Winnicott*. New York: Columbia University Press.

Symington, N. (1983). The analyst's act of freedom as agent of therapeutic change. *Int. R. Psychoanal.* 10: 283–291.

Williams, P. (2007). The worm that flies in the night. *Brit. J. Psychother.* 23: 343–364.

Winnicott, D. W. (1953). Transitional objects and transitional phenomena: A study of the first not-me possession. *Int. J. Psychoanal.* 34: 89–97.

Winnicott, D. W. (1958a). Transitional objects and transitional phenomena: A study of the first not-me possession. In *Through Paediatrics to Psycho-Analysis.* New York: Basic Books, 1975, pp. 229–242.

Winnicott, D. W. (1958b). The capacity to be alone. In *The Maturational Processes and the Facilitating Environment.* New York:International Universities Press, 1965, pp. 29–36.

Winnicott, D. W. (1969). The use of an object and relating through identifications. In *Playing and Reality.* New York: Basic Books, 1971, pp. 86–94.

Winnicott, D. W. (1971a). Transitional objects and transitional phenomena. In *Playing and Reality.* London: Routledge, pp. 1–25.

Winnicott, D. W. (1971b). *Playing and Reality.* London: Routledge.

Winnicott, D. W. (1971c). The place where we live. In *Playing and Reality.* London: Routledge, pp. 104–110.

Winnicott, D. W. (1971d). Introduction. In *Playing and Reality.* London: Routledge, pp xi–xiii.

Winnicott, D. W. (1971e). Le corps et le self, V. N. Smirnoff, trans. [Body and self]. *Nouv. Rev. Psychanal.* 3: 15–51.

3 무의식의 개념에 대해 다시 생각해 보기

최근 몇 년간 나는 내가 분석적으로 사고하는 방식의 근저에 있는 기본적 아이디어들에 대해 관심을 기울였다. 그렇게 하면서 나는 분석적 환경에서 무의식과 시간이라는 개념을 재고하게 되었다. 이 두 가지 정신분석적 개념을 재고하기 위한 개인적인 접근 방식으로 일련의 추측들을 제시한다. 이 논문은 설득하기 위한 것이 아니라 상상력 있는 반응을 유도하기 위한 것이다.

무의식의 개념

정신분석가가 무의식이란 실체가 없다고 말하는 것은 이단적으로 보일 수 있다. 사실 프로이트를 비롯한 과거와 현재의 거의 모든 정신분석가들은 프로이트의 무의식 개념이 정신분석의 정의라고 주장할 것이다. 나는 이러한 생각에 동의한다. 그럼에도 불구하고 나는 무의식이라는 실체가 없다고 주장한다. 이는 처음에는 받아들이기 어려울 수 있으며, 특히 평생 동안 우리 사고의 모든 영역에서 무의식이라는 개념을 활용해 온 정신분석가들에게는 더욱 그럴 것이다. 독자는 "무의식이 사고의 명료성을 그토록 크게 제공했다면, 어떻게 무의식이 단지 하나의 생각에 불과하겠는가?"라고 물을지도 모른다. 독자는 무의식이라는 것이 존재하지 않는다는 생각에 무의식은 실체는 아니지만 분명히 경험이라고 말하며 이의를 제기할 수도 있다. 나는 "어떤 경험을 말하는 겁니까?"라고 묻고, 독자는 꿈이 그러한 경험이라고 말할 것이다. 나는 이렇게 반

박할 것이다: 기억되는 꿈은 의식적인 현상이고, 기억할 수 없는 꿈은 기억할 수 없는 다른 생각이나 경험처럼 잊혀진 생각이다.

프로이트(1915)는 무의식의 존재가 "반박할 수 없다"고 주장하는데, 그 이유는 이 개념을 사용할 때 의식적 인식에 제공되는 의미 때문이다:

> 의미의 획득은 [무의식적 마음의 존재를 받아들이는 것을 정당화하기 위해] 직접적인 경험의 한계를 넘어서는 완벽하게 정당화될 수 있는 근거이다. 게다가 무의식이 존재한다는 가정이 의식 과정의 흐름에 효과적인 영향을 미칠 수 있는 성공적인 절차를 구축할 수 있게 해준다는 것이 밝혀지면(예를 들어 정신분석 치료), 이러한 성공은 우리가 가정한 것의 존재에 대한 반박할 수 없는 증거를 제공하게 될 것이다.(p. 167)

다시 말해, 무의식이 존재한다는 주장은, 이 가정이 의식적 인식 너머에 있는 우리 경험의 의미를 이해하는 데 도움을 주었기 때문이다. 나는 무의식이 하나의 아이디어, 훌륭한 아이디어이지만, 분석적 환경에서 추론을 할 때처럼 이 아이디어가 우리 경험의 의미에 대한 추론을 하는 데 도움을 준다고 하더라도, 무의식은 실체가 아니라고 제안한다.

프로이트(1900, 1915)에게 무의식은 의식의 인식 밖에 존재하는 영역으로, 용납할 수 없고, 충동적이며, 금지되고, 위협적이며, 수치스럽고, 죄책감에 시달리는 생각, 감정, 환상이 "거주하는" 곳이다. 하지만 프로이트가 이러한 정신 모델을 고집했음에도 불구하고, 우리는 이 영역이 정신의 의식적 측면과 무의식적 측면이 존재하는 은유라는 것을 인식해야 한다. 하지만 이 은유는 정신을 지도로 나타낸 것이 아니다. 지도로 나타낼 "거기"가 없기 때문이다. *거기*에는 아무것도 없기 때문에 *거기*에는 아무것도 일어날 수 없다. 나는 대부분의 삶 동안 무의식이 의식의 "아래"에, 일차 과정 사고와 무시간성이 지배하는 "더 깊은" 곳에 존재하는 것처럼 생각했다. 나는 무의식을 억압된 생각과 감정이 묻힌 채 (검열에 의해) 의식의 영역인 "시계 시간"과 이차 과정 사고로 들어가거나 다시 들어가려고 문을 두드리는 지하실이라고 생각해 왔다.

나는 무의식이라는 개념이 분석 회기와 일상생활에서 일어나는 일을 생각하는 데 필수적이라는 것을 발견했고, 지금도 여전히 그렇게 생각한다. 그것 없이는 분석가로서의 업무를 수행할 수 없다. 하지만 이제 나는 무의식이 프로이트와 그 이후의 정신분석 사상가들이 창조한 이야기 속에만 존재한다는 것을 스스로에게 상기시켜야 한다. "내면 세계"(무엇 안에 있을까?)는 존재하지 않는다; 그 안에는 대상관계도 없다; 알파 요소, 베타 요소, 알파 기능도 없다; 이드, 자아, 초자아도 없다; 생명 욕동과 죽음 욕동도 없다. 이 모든 것은 정신분석가들이 쓴 이야기 속의 등장인물, 세력, 그리고 조직자이다.

무의식에 우리가 붙이는 이름은 의미심장하다. 무의식은 의식적인 자각 없이 "무(無)" 상태이지만, 우리는 이 "무(無)"의 본질을 알지 못한다. 우리는 무의식에 대해 직접적인 지식을 가진 적이 없다. 우리는 "무(無)"에 담긴 의미에 대한 이야기를 만들면서 추론을 통해 "그것에 대해 안다"고 믿는다. 하지만 우리가 만들어내는 의미는 무의식의 영역이 존재한다는 증거가 아니다. 마음의 영역이란 무엇일까?

꿈은 개인이 깨어났을 때 기억하는 시각적 이미지로 전개되는 경험이다. 깨어났을 때 우리는 더 이상 꿈을 꾸는 동안 겪었던 꿈의 경험을 다루고 있지 않다는 점을 명심해야 한다. 꿈을 꾸는 동안 경험하는 것은 무의식적인 현상이 아니라 의식적인 현상이다. 그렇지 않다면 우리는 그것을 인식하지 못할 것이다. 잠에서 깨어났을 때 꿈의 경험을 어느 정도 기억할 수 있지만, 깨어났을 때 우리는 그 경험을 의식적이고 이차적인 사고 과정, 그리고 순차적인 시간의 맥락 속에 위치시킴으로써 더욱 정교하게 만들어 간다. 꿈에서 깨어났을 때 기억하는 것은 무의식이 아니라, 잠자는 동안 일어난 의식적인 경험(그렇지 않으면 기억할 수 없을 것이다)이다.

나는 무의식이 장소나 사물이 아니라, 개인의 사고, 감정, 경험의 한 특성이라고 생각한다. 우리가 무의식이라고 부르는 현상은 잠재적 의미를 지닌 경험, 즉 의식의 특성이다.[1] 이는 프로이트의 의식과 혼동되어서는 안 된다. 프로이트의 무의식 개념은 그가 무의식적 마음에 귀속시키는 사고의 특성을 이해하는 방식 때문에 매우 가치가 있다. 그럼에도 불구하고, 우리가 도달하는 꿈의 잠재적 의미와 의식의 다른 측면들에서 도달하는 결론은 무의식의 존재를 증명하는 것이 아니라, 의식의 잠재적 의미를 이해하는 데 성공했음을 증명하는 것이다. 의식, 즉 경험하는 자기의 총체는 우리가 경험의 잠재적 의미를 이해하려고 할 때 활용할 수 있는 전부이다.

무의식이 단지 관념일 뿐이라는 주장에 대해 다음과 같이 반박할 수 있다. "꿈은 개인의 숨겨진 소원과 두려움을 반영하는 것이 아닌가?" "프로이트를 비롯한 수많은 분석가들이 꿈은 꿈꾸는 사람이 감히 생각하거나 느끼지 못하는 소원과 두려움을 반영한다는 것을 보여주지 않았는가?" "꿈은 개인이 깨어 있는 삶에서는 감히 하지 못했던 방식으로 삶을 살아가는 것이 아닌가?" "꿈은 우리 자신을 찾고 감정적으로 우리에게 무슨 일이 일어나고 있는지 이해하는 데 도움이 되지 않는가?" 나는 이 모든 질문에 "네"라고 답할 것이다. 하지만 이러한 생각들 중 어느 것도 무의식이 개념 그 이상이라는 증거가 되지 못한다.

---

1 "의식"이라는 용어를 사용할 때, 나는 우리가 경험할 수 있는 모든 것, 즉 우리의 모든 생각, 감정, 감각, 그리고 발달이 진행됨에 따라 주체로서의 "나"와 대상으로서의 "나"가 존재하는 자기-성찰 능력을 지칭한다.

꿈은 사고의 한 형태이지만, 그렇다고 해서 무의식이라는 것이 존재한다는 증거가 되는 것은 아니다. 오히려 꿈에 대한 생각은 우리가 잠들어 있을 때 자신을 다르게 경험하고 다르게 생각하며, 이 경험의 잠재적 의미를 들여다봄으로써 자신에 대해 배울 수 있다는 증거이다. 프로이트는 꿈을 꾸는 동안 경험하는 시각적 표현의 잠재적 의미를 분별하는 귀중한 방법을 도입했다. 하지만 잠재적 의미는 단지 잠재적 의미일 뿐, 무의식이 관념 이상의 것이라는 증거는 아니다.

꿈의 잠재적 의미를 이해하는 데 필요한 것은 문학 작품의 잠재적 의미를 이해하는 작업과 비교해 보면 더 명확하게 이해될 수 있다. 소설이든 논픽션이든, 시든 연극 대본이든 문학 텍스트를 읽을 때 의미는 단어 *뒤*나 단어 *아래*에 있는 것이 아니다; 의미는 단어와 단어가 만들어내는 효과에 있다. 우리는 단어를 *통해서* 듣는 것이 아니라 단어의 소리에 귀를 기울인다. 텍스트와 소통할 때, 우리는 그것으로 무언가를 하고, 그것을 경험하고, 때로는 단어에 잠재된 의미에 대한 우리의 이해를 말로 표현하지만, 단어 뒤에는 아무것도 없다.

무의식을 어딘가에서 발생하는 현상으로 생각하는 것은 마음을 우리 머릿속이나 옆, 또는 다른 어딘가에 있는 것으로 생각할 때 저지르는 오류와 유사한 것이다(Winnicott, 1949). 뇌와 달리 마음은 명사가 아니라 동사이며, 항상 변화하는 현상이다. 윌리엄 제임스William James(1890)는 마음을 "의식의 흐름"으로 생각한다. 마음은 경험하고, 생각하고, 느끼고, 이야기하는 행위이다. 우리는 마음이 작동하는 방식을 설명할 수 있을지 모르지만, 그렇게 함으로써 어딘가에 존재하고 우리가 경험하는 현상(생각, 감정, 감각, 꿈 등)의 기원("원동력", 궁극적 기원)인 실체를 가정하는 오류를 범하고 있다.

우리가 이용할 수 있는 것은 의식뿐이며, 이는 프로이트의 의식과 구별되어야 한다. 앞서 언급했듯이, 의식이란 우리의 생각, 감정, 감각을 경험하는 능력을 의미하며, 발달과 함께 우리가 주체이자 객체, 즉 나I와 나me의 관점에서 자신을 관찰하고 대화하는 자기성찰에 참여하는 능력을 의미한다. 의식 "아래"나 "뒤"에는 아무것도 없다. 의식을 의식과 무의식이라는 두 가지 흐름으로 나누면 분석 작업에 대해 생각하는 데 도움이 될 수 있지만, 의식은 여러 흐름으로 이루어진 것이 아니다. 의식은 분리할 수 없는 경험적 통일성 속에서 존재하는 그 자체이다.

폴 엘뤼아르Paul Eluard(1968)의 논평이 프로이트의 "무의식" 개념을 재구성하는 데 가치 있다: "다른 세계가 있지만, 그것은 이 세계 안에 있다." 프로이트의 무의식은 다른 세계이지만, 이 세계, 즉 의식 안에 있는 것이지, 의식 뒤나 아래에 있는 것이 아니다. 프로이트가 무의식이라고 부른 것은 억압 장벽 뒤에 존재하는 영역이 아니라 의식의 한 속성이다.

그렇다면 무의식이 단지 하나의 관념일 뿐이라면, 우리의 경험에 대해 어떻게 생각해야 할까? 우리가 알고 경험하는 것의 총체인 의식에 대해 추론해야 한다고 제안한다. 우리가 하는 일을 의식에 대한 추론이라고 생각한다면, 존재하지 않는 다른 마음, 다른 세계의 존재를 상정하는 오류를 피할 수 있다. 우리는 의식이 존재하며 잠재적 의미를 지니고 있음을 안다. 이 말은 무의식이라는 개념을 사용하지 말라는 것이 아니라, 그 관념을 사용할 때 그것은 단지 하나의 관념일 뿐, 장소도 아니고, 제2의 마음도 아니라는 것을 인식해야 한다는 것이다.

임상 예시

첫 만남을 위해 대기실에서 V씨를 만났을 때, 문이 열리자 그녀는 벌떡 일어나 나의 눈을 애원하는 듯 바라보았다. 마치 어떻게 행동해야 하는지에 대한 지시를 구하는 듯했다. 그녀는 20대 초반으로 보였고, 눈에

띌 정도로 유행에 뒤떨어진 평범한 블라우스와 주름치마를 입고 있었다. 나는 자기소개를 했다. 그녀는 고개를 끄덕이고 상담실로 들어와 내가 앉을 자리를 안내해 줄 때까지 기다렸다. 자리에 앉은 후 그녀는 계속해서 나를 쳐다보며 지시를 구했다. 내가 침묵하자, 박사 과정을 그만두라는 요청을 받았다고 말한 후 잠시 말을 멈추고 내 대답을 기다렸다.

"여기서 뭘 해야 할지 모르는 건 당연해요."라고 내가 말했다.

그녀는 한숨을 쉬며 말했다. "어디를 가도 뭘 해야 할지 모르겠어요." V씨는 "지시를 따르는 데 실패해서" 박사 과정을 그만두라는 요청을 받았다고 했다. 그녀는 고급 여성 의류 매장에서 일했는데, 항상 잘못된 말을 하는 것 같아서 문제들이 발생한다고 했다.

나는 "말하려는 내용과 사람들이 그것을 받아들이는 것 사이에 괴리가 있네요."라고 말했다.

"네, 저는 항상 잘못된 말을 해요. 손님들이 좋아하는 걸 찾도록 도와주려고 하는데 오히려 모욕적인 말을 하게 되죠. 그런 일들이 일어나는데, 안 그랬으면 좋겠어요. 엄마는 저를 싫어하세요. 저는 엄마 같지 않아요. 엄마한테 저는 충분히 여성스럽지도, 예쁘지도 않아요. 저는 더 날씬해야 해요. 엄마는 뚱뚱한 사람을 싫어해요. 엄마는 여동생을 좋아해요. 아빠는 저를 사랑해요. 아빠는 저를 병원 회진에 데려가 주셨어요. 이제는 그러기에 제가 나이가 너무 많다는 건 알지만, 어렸을 때 해봤는데 계속하고 싶었어요."

V씨는 말을 멈추고 말했다. "질문하셔야 되는 거 아닌가요?" "솔직히 말해서, 저는 제가 어떻게 해야 하는지 모르겠어요."

"할 필요 없어요…"

"아니요, 제가 할 필요는 없어요."

그녀는 말했다. "아버지와 함께 병원 회진을 가는 게 잘못인가요?"

"확신이 없나 보네요."

"엄마는 그게 옳지 않다고 하시지만, 제 모든 걸 싫어하세요. 저는 아빠랑 회진 가는 걸 좋아해요. 어렸을 때는 아빠를 돕는 간호사인 척했어요."

"아빠의 간호사 역할을 할 때면 마치 누군가 된 기분을 느꼈군요."

V씨는 상담실을 둘러보았다. "책이 많으시잖아요. 다 읽으셨어요?"

"몇 개는 읽었어요."

"나이 드셨잖아요."

"맞아요." 지금까지 그녀가 했던 어떤 말보다 이 말이 더 생생하게 느껴졌다. 그녀는 우리가 어떤 사람이어야 하고 무엇을 해야 하는지가 아니라, 우리가 어떤 사람인지에 집중하도록 이끌었다.

"엄마는 저와 놀아주신 적이 없어요. 저는 아빠랑 모든 걸 다 했어요. 같이 철물점에 갔다가 주유소에 가서 핫도그를 사오곤 했죠. 엄마는 저를 소아과, 교정치과, 안과에 데려가셨어요."

"눈에 문제가 있었나요?"

"안경 없이는 아무것도 안 보여요. 일어나면 안경을 찾아 더듬어 봐야 해요. 콘택트렌즈를 끼고 있는데 잘 안 맞는 것 같아요."

"아무도 당신을 제대로 보지 못하는 것 같아요."

"어떻게 아세요?"

"몰라요, 그냥 그런 것 같아요."

"있잖아요, 저는 보기보다 나이가 많아요. 22살이에요."

"동시에 나이보다 어리기도, 많기도 하네요."

"제 나이처럼 느껴지지 않아요."

방금 설명한 회기의 일부에서 V씨는 내가 대기실에 들어서자마자 나를 애원하는 듯한 눈빛으로 바라보며 나와 소통했다. 마치 나와 함께 어떻게 지내야 할지 말해 달라고 부탁하는 듯했다. 그녀의 촌스러운 옷차림은 시선을 사로잡았다. 상담실에서는 다른 방식으로 사람들에게 보이기 위해 노력했던 일화들을 들려주었다: 박사 과정에서 지시를 따르지 않았던 일, 옷가게에서 손님들을 모욕했던 일, 아버지의 병원 회진에서 간호사 놀이를 했던 일 등이다.

이 회기 초반에 V씨는 엄마를 자신과 놀아줄 수 없고, 자신이 투사하는 것 외에는 자신을 볼 수 없는 사람으로 묘사했다. 이 회기의 핵심에는 역설이 있는데, 환자가 나를 수용해주지 않는 엄마로, *그리고* 나 자신으로 있기를 원했다는 것이다. 만약 내가 환자에게 엄마로, 혹은 나 자신으로 경험되었다면 그것으로는 충분하지 않았을 것이다. 나는 환자의 엄마이자 나 자신으로 경험되어야만 했다. 나는 환자의 부모 중 한 명 또는 둘 다가 아니면 소용이 없었고, 환자를 보고, 알아보고, 함께 놀아줄 수 있는 사람으로서 나 자신이 아니라면 환자에게 소용이 없었다.

V씨가 나에게 회진을 따라가는 것이 괜찮은지에 대해 질문한 것은, 자신이 엄마가 생각하는 사람인지, 혹은 아빠가 생각하는 사람인지에 대한 그녀의 혼란을 반영했는데, 그 둘은 모두 환자의 실제 모습과는 큰 관련이 없었다. 나는 환자와 아빠가 병리적인 놀이에 빠져 있는 것 같았다. 아빠의 환자들은 감정과 삶을 가진 아픈 사람이 아니라 장난감처럼 이용당하고 있었다. V씨는 내가 도서관에 있는 모든 책을 읽었는지 확인하고 싶어 하는 것 같았다. 아마도 내가 해야 할 일이 무엇인지를 알고 있는지, 예를 들어 아버지와는 다른 의사가 되는 법을 아는지 확실히 하기 위해서였을 것이다.

회기 중 중요한 순간은 환자가 내가 나이가 많다고 말한 다음, 자신은 보기보다 나이가 많다고 말했을 때였다. 이것은 그녀가 내가 자신을 더 잘 알 수 있도록 도와주려는 노력으로, 내가 그녀가 인정받는 경험을 제공할 수 있는 기회였던 것 같다.

V씨가 사람들에게 보이고자 하는 노력이 의식적인지 무의식적인지 스스로 질문해 보니, 의식과 무의식이라는 개념이 그녀와 함께했던 나의 경험을 잘 설명하지 못하는 것 같다. 그녀는 보이고 인정받고 싶어 했는데, 둘 다 의식적인 현상도 무의식적인 현상도 아니다. 이러한 욕구는 "우리 자신의 핵"(우리의 영혼이라고 할 수 있는 것)에 있다. 영혼은 의식적인 현상일까, 아니면 무의식적인 현상일까? 이 질문을 하는 것은 나에게는 의미가 없다.

이 회기의 거의 모든 부분에서 나는 무의식이라는 개념의 관점에서 무슨 일이 일어나고 있는지 바라볼 수도 있었다. 나는 그녀가 아빠와 간호사 놀이를 하는 것을, 엄마는 그녀가 아버지의 회진에 동행했을 때 환자를 질투했기 때문에, 엄마에게 숨겨야 했던 오이디푸스적 사랑의 표현으로 보았을 수도 있다. 나는 그녀의 시력이 나쁜 것이 억압된 무의식의 갈등적 측면들을 보는 것에 대한 두려움을 반영한다고 여겼을 수도 있다. 나는 그녀가 박사 과정의 학칙을 지키지 않고 일하던 곳의 쇼핑객들을 모욕한 것을 무의식적인 분노, 어쩌면 엄마에 대한 분노의 표현으로 여겼을 수도 있다. 그렇다면 "무의식이라는 개념을 이용해 이런 식으로 개념화하고, 결국 이러한 추론에 기반하여 해석하는 데 무슨 문제가 있는가?"라고 질문할 수도 있다. 내 생각에 이 회기의 초반 부분을 무의식이라는 개념의 관점에서 접근하는 데 있어 문제점은, 회기에서 일어나는 일의 이면에 숨겨진 무의식적 의미들을 이해하려는 마음의 상태를 조성한다는 것이다. 무의식이라는 개념은 회기에서 일어나는 일을 마치 답이 필요한 질문에 대한 답이 있고, 한 질문에 대한 답이 그 이면에 숨겨진 다른 질문에 대한 답을 찾는 시작점이 된다는 착각을 불러일으킨다.

내가 묘사한 회기에서 나는 V씨를 주로 이해하기 위해 노력한 것이 아니라, 있는 그대로의 그녀를 보기 위해 노력하며 이야기를 나누었다. 다른 사람에게 보이고자 하는 욕구는 자신이 누구인지 깨닫는 데 필수적이다. 누군가가 봐주지 않고는 누구도 될 수 없으며, 이는 엄마가 자신을 바라볼 때 아기가 자신이 반영되는 것을 보는 경험에서 시작된다(Winnicott, 1967). 보이고자 하는 욕구는 의식적이거나 무의식적인 바람이 아니라 실존적 욕구이다. V씨와 함께 일하면서 나는 주로 그녀의 자기 이해를 향상시키는 데 관여한 것이 아니라 그녀를 보고, 알아보고, 나와의 놀이에 초대하는 데 관여했다.[2]

요컨대, 무의식은 하나의 아이디어, 훌륭한 아이디어이지만 장소나 제2의 마음이 아니다. 무의식의 마음이라는 개념을 사용하는 것은 무의식적인 내적 대상관계의 (상상의) "세계"에서 무슨 일이 일어나고 있는지 추론하는 데 필수적이다. "무의식이라는 개념을 왜 사용하지 않습니까?"라는 질문에 대한 답으로, 일관된 방식으로 그렇게 하는 것은 잠재적 의미에 대한 질문의 답을 찾는 데 몰두하는 마음 상태에 갇히는 것과 같다고 말하고 싶다. 무의식적 의미를 찾는 데 몰두하는 것은 무의식적 의미에 대한 질문에 답하는 것이 아니라, 환자가 자기 자신으로 존재하는 데 어려움을 겪고, 자신을 실재하는 존재로 경험하는 데 어려움을 겪고, 자신이 누구인지 모르고, 자신이 아무것도 아니라고 느끼는 등의 마음 상태를 가리는 것일 수 있다. 이해를 찾는 데 몰두하는 것과 생산적 경험을 하는 것은 정신분석의 분리할 수 없는 두 차원이다. 하나라도 배제하면 어려움이 발생한다. 과도한 의미 추구(인식론적 차원)는 지적이

---

[2] 나는 이전에 (Ogden, 2019, 2020, 2023a, b) "정신분석의 인식론적 차원"(알고 이해하는 것과 관련)이라고 부르는 것과 존재론적 차원(존재하고 되어가는 것과 관련)의 상호작용에 대해 논의한 적이 있다. 전자는 환자와 분석가가 환자가 더 큰 자기 이해를 얻도록 돕기 위해 노력하는 것을 포함하며, 후자는 분석 자체에서 발생하는 경험을 활용하여 환자가 더욱 충만한 자기 자신이 되도록 기여한다.

고 죽은 것처럼 느껴지는 분석을 초래할 수 있다. 환자가 더욱 현실적이고 생생하게 느낄 수 있는 분석 경험을 창조하는 데 분석가가 과도하게 투자하면 환자와 분석가 모두에게 안전하지 않고 압도적으로 느껴지는 분석이 초래될 수 있다(예를 들어 페렌지Ferenczi가 그의 "능동적 기법"[1932, 1949]을 상호 분석으로 사용했을 때 발생함).

나가는 말

프로이트(1900, 1915)의 무의식 개념은 내 분석적 사고의 핵심을 이루지만, 이제 나는 무의식이라는 실체가 존재하지 않는다는 것을 예리하게 인지하고 있다. 무의식은 제2의 정신이나 의식과 무의식으로 나뉜 내면세계의 일부로 존재하지 않는다. 무의식은 관념, 그저 관념일 뿐입니다. 무의식이라는 실체가 존재하지 않는다는 인식의 관점에서, 나는 의미가 의식(우리가 경험할 수 있는 모든 것, 즉 우리의 생각, 감정, 감각, 그리고 주체이자 대상, 즉 나와 나 자신에 대한 경험)에 잠재되어 있다고 생각한다. 문학에서 의미는 단어 아래나 단어를 통해 존재하는 것이 아니라 단어 안에 존재한다. 마찬가지로 의미는 의식 아래나 의식 뒤에 존재하는 것이 아니라 의식 안에, 우리가 의식에 대해 내리는 추론 속에 존재한다. "다른 세계가 있지만, 그것은 이 세계 안에 있다."

참고문헌

Eluard, P. (1968). *Oeuvres Completes*, Vol. 1. Paris: Galliamard, p. 986.

Ferenczi, S. (1932). *The Clinical Diary of Sandor Ferenczi*, ed. J. Dupont, trans. M. Balint & N. Jackson. Cambridge, MA: Harvard University Press, 1995.

Ferenczi, S. (1949). Confusion of the tongues between the adults and the child: The language of tenderness and of passion. *Int. J. Psychoanal.* 30: 225–230.

Freud, S. (1900). *The Complete Psychological Works of Sigmund Freud*, ed. J. Strachey. London: Hogarth Press, 1955.

Freud, S. (1915). *The Complete Psychological Works of Sigmund Freud*, ed. J. Strachey. London: Hogarth Press, 1955.

James, W. (1890). *Principles of Psychology*, ed. P. Smith, Vol. 1. New York: Dover, 1950.

Ogden, T. H. (2019). Ontological psychoanalysis, or what do you want to be when you grow up? *Psychoanal. Q.* 88: 661–684.

Ogden, T. H. (2020). Toward a revised form of analytic theory and practice: The evolution of analytic theory of mind. *Psychoanal. Q.* 89: 219–243.

Ogden, T. H. (2023). Like the belly of a bird breathing: On Winnicott's "Mind and its relation to psyche-soma." *Int. J. Psychoanal.* 101: 7–22.

Ogden, T. H. (2024). Ontological psychoanalysis in clinical practice. *Psychoanal. Q.* 93: 13–31.

Winnicott, D. W. (1949). Mind and its relation to psyche-soma. In *Through Paediatrics to Psycho-Analysis*. New York: Basic Books, 1950, pp. 243–254.

Winnicott, D. W. (1967). Mirror-role of mother and family in child development. In *Playing and Reality*. New York, NY: Basic Books, 1971, pp. 111–118.

4   분석적 시간의 개념에 대해 다시 생각해 보기

나는 서로 역동적인 관계를 맺고 있으며 분리할 수 없는 두 가지 시간에 대한 경험이 있다고 생각한다. 한 가지 시간 경험은 "통시적 시간 diachronic time"(그리스어로 "통과하다"와 "시간"을 의미)으로, "시계 시간" 또는 "달력 시간"이다. 다른 하나는 "동시적 시간synchronic time"(그리스어로 "함께"와 "시간"을 의미)으로, "꿈 시간"이다. 통시적 시간은 순차적이며 인과 논리와 밀접하게 연관되어 있다. 한 경험 뒤에 다른 경험이 따른다. "슈퍼바이저 때문에 J가 당황했다"라고 말할 때 통시적 시간 경험이 사용된다. 한 사건은 다른 사건으로 이어지고, 삶의 한 시기는 다른 시기로 이어진다. 통시적 시간은 내부와 외부, 자아와 타자가 분리되는 경험이다. 내부와 외부는 서로에게 영향을 준다; 예를 들어, 환자는 분석가가 갑작스럽게 회기를 끝낸 것에 대해 노출되었다고 느꼈지만, 자신이 과잉 반응했을 수도 있다고 느꼈다. 환자와 분석가는 분석가가 정시에 회기를 마치거나 환자에게 다가오는 휴가 날짜를 알릴 때 주로 통시적 시간 경험 속에서 작업한다. 환자 또한 어린 시절의 경험을 토대로 현재의 경험을 이해하거나, 회기에 "정시에" 도착하거나, 회기가 끝나고 분석가와 더 이상 이야기하지 않고 상담실을 나갈 때 등 통시적 시간 경험에 참여한다.

정신분석의 발달 이론들은 통시적 시간 개념에 의존한다: 즉, 삶의 한 시기 뒤에 다른 시기가 이어지고, 구강기 다음에는 항문기가 이어지고, 잠재기 다음에는 청소년기가 이어지고, 우울적 자리는 다음에는 편집적-분열적 자리이다.

나는 시간의 동시적 경험이 통시적 경험과 분리될 수 없다고 생각한다. 어떤 방식으로든 시간을 경험하는 것은 순수한 형태로 존재하지 않는다. "동시적 시간"은 "꿈 시간", 놀이하는 시간, 글을 쓰거나 그림을 그리는 시간, 또는 다른 방식으로 창작하는 시간으로 생각할 수 있다. 통시적 시간은 순차적인 반면, 동시적 시간은 모든 시간이 현재 순간에 함께하는 시간 경험이다. 꿈을 꿀 때, 모든 시간은 꿈의 시간 속에 함께 한다: "과거는 죽지 않았고, 과거조차 아니다"(Faulkner, 1951). 현재는 과거를 따르지 않는다: 모든 시간은 현재 속에 함께 한다. 환자에게 꿈이 얼마나 오래 지속되었는지 묻는 것은 의미가 없다. 분석 회기에서 세팅(환자는 카우치에 누워 있고 분석가는 카우치 뒤에 앉아 있음)은 환자가 통시적 시간, 즉 "시계 시간"에서 벗어나 환자와 분석가가 함께 분석 회기 동안 꿈을 꾸는 동시적 시간 경험(꿈 시간)에 들어가도록 돕도록 설계되었다 (Ogden, 2017). 환자가 상담실 들어와 카우치에 누워 있는 동안 나는 카우치 뒤에 조용히 앉아 있는데, 이는 항상 마치 환자와 내가 잠들 준비를 하고 함께 꿈을 꾸는 것처럼 느껴진다.

동시적 시간의 관점에서 과거는 사라지고 되돌릴 수 없다; 과거로 돌아갈 수 없으며, 그것은 기억일 뿐이다. 그러나 동시적 시간에서는 모든 과거가 현재에 있다(꿈에서와 마찬가지로). 동시적 시간의 경험에서 과거는 과거가 개인에게 남긴 인상의 형태로 현재에 살아 있다. 동시적 시간 속에서 우리는 우리에게 영향을 미치고 우리에게 인상을 남긴 경험의 총합이다. 이것이 동시적 시간의 역설이다: 과거는 기억으로만 존재하지만, 모든 과거는 개인이 누구인지에 대한 현재 순간에 살아 있다.

동시적 시간 속에서, 과거의 시간은 현재의 시간과 연속적이지 않다. 왜냐하면 그것들은 다른 유형의 시간 경험이기 때문이다. 과거는 사라지고 현재의 기억(생각과 감정)으로만 존재한다다. 이는 10초 전에 일어난 사건에도 10년 전에 일어난 사건에도 해당된다. 현재 순간은 "과거의 현재 순간"(Eliot, 1919, p.11)이며, 우리의 과거 경험 전체가 우리에게 남긴 인상에 의해 형성된 현재 순간이다.

동시적 시간 속에서 과거는 나무의 횡단면에서 나무의 성장과 동면 패턴을 볼 수 있는 나이테에 비유될 수 있다. 나이테는 과거가 아니지만, 살아있는 나무의 현재 순간에 살아 있는 과거의 반영이다. 나이테는 그것이 반영하는 경험이 아니다. 나이테는 나무의 현재 순간에 살아있는 과거에 대한 나무의 반응을 반영한다.

동시적 시간의 관점에서 볼 때, 유년기의 외상적 사건 자체는 사라졌지만, 환자의 현재, 진화하는 존재 상태에 남긴 인상의 결과로 현재에 살아 있다. 그 인상은 현재 순간의 개인 존재의 핵심, 즉 그 개인을 그 사람으로 만드는 것 속에 살아 있다. 유년기 외상은 과거가 환자에게 남긴 인상 속에 살아 있다. 분석 과정에서 경험하는 외상은 과거의 기억이 아니라 환자의 존재 자체 속에 살아 있으며, 환자와 분석가가 공동으로 창조한 주관성 속에서 더욱 충만하게 경험된다("분석적 제삼자the analytic third", Ogden, 1994a, b).

동시적 시간의 관점에서 *퇴행*이라는 용어는 환자가 더 이전 시간으로 돌아간다는 것을 암시한다는 점에서 오해의 소지가 있는데, 이는 과거가 더 이상 존재하지 않고 돌아갈 과거가 없기 때문에 불가능하다. 과거가 환자에게 남긴 인상을 환자와 분석가가 현재에서 함께 살아내며 존재하게 되는 것이 분석에서 일어나는 일이다. "돌아가는 것"이 아니라 과거가 환자의 존재 방식에 남긴 인상을 분석적 관계 속에서 살아내는 것이다. 분석에서 살아내는 외상의 경험은 환자와 분석가가 처음으로 창조한 경험이다. 창조되는 것은 이미 사라져 버린 어린 시절에 일어났던 외상 경험이 아니다. 또한 창조되는 것은 일어난 일에 대한 기억도 아니다. 경험되는 것은 환자와 분석가에게 새로운 것이다. 분석의 현재 순간에 생생하게 드러나는 외상 경험은 환자가 외상 사건이 발생했을 때처럼 홀로 하는 경험이 아니다.

마찬가지로 전이 개념도, 환자가 내적 대상관계를 분석 관계에 투사히는 것이 아니라 환자와 분석기가 공동으로 창조한 주관성의 관점에서 환자가 과거의 현재 순간을 살아내는 것으로 볼 때 의미가 달라진다.

프로이트(1918)는 "사후 작용"(Nachtraglichkeit)이라는 개념에서 동시적 시간의 관점을 활용한다. 이는 과거와 현재의 관계에 대한 개념으로, 사건이 발생했을 때 현재에서 경험되지 않았다. 프로이트(1918)의 늑대 인간은 부모의 성관계를 관찰하는 유아기적 경험을 당시에는 살아낼 수 없었다; 그는 이후의 성숙 단계에 이르러 일어난 일을 받아들이고 반응할 수 있게 된 후에야 그것을 경험했다. 과거는 현재 순간에서 경험되기 전까지는 발생하지 않았다.

위니캇(1974)은 아동기의 붕괴를 너무 고통스럽거나 혼란스러워서 개인이 정서적으로 현존할 수 없었던 사건에 대한 반응으로 이해한다. 분석에서 환자는 이미 아동기에 붕괴가 발생했음에도 불구하고 현재에서 붕괴에 대한 두려움을 경험한다. 아동기 사건은 "경험되지 않았기"(Ogden, 2014) 때문에 환자는 그 경험에서 배울 수 없다. 분석적 관계는 발생한 일이 처음으로 경험되고 환자의 끊임없이 진화하는 자기 경험에 통합될 수 있는 세팅이다.

비온(1967)은 분석가는 과거의 기억이나 미래에 일어날 일에 대한 욕망에 관심을 가져서는 안 된다고 말할 때 동시적 시간의 개념을 사용한다: "기억과 욕망은... 각각 일어났다고 가정되는 것에 대한 감각적 인상과 아직 일어나지 않은 것에 대한 감각적 인상을 다룬다"(p. 136). 비온의 과거, 현재, 미래에 대한 관점에는 동시적 시간 개념이 내재되어 있다. 과거는 죽었고(지금은 일어났다고 가정되는 것에 대한 생각일 뿐), 미래도 존재하지 않는다(우리가 일어나기를 바라는 것에 대한 생각); 우리는 현재에만 존재한다. 폴 엘루아드Paul Eluard(1968)의 "다른 세계가 있지만, 그것은 이 세계 속에 있다"라는 진술의 정신에 따라 나는 비온의 진술을 이렇게 바꾸어 말하고 싶다: "과거와 미래는 다른 세계이지만, 그것들은 이 세계 속에 있다."

분석적 맥락에서, 어린 시절 성추행을 당한 환자가 성인이 되어서도 기억하지 못한다고 해서 그 사건이 실제로 발생하지 않았다는 것은 아니다. 그 사건은 환자에게 남긴 인상과 환자가 분석가에게 주는 인상, 그리고 분석의 현재 순간에 두 사람이 창조하는 경험 속에서 생생하게 살아 숨 쉰다. 환자가 어렸을 때 성추행을 당했다고 말할 때, 그 사건이 실제로 일어났다는 느낌을 갖기 위해 나는 환자의 기억에만 의존하지 않는다. 성추행은 그 경험이 환자의 존재 자체에 남긴 인상의 형태로 현재에 존재하며, 환자가 나와 함께하는 방식, 그리고 *지금* 우리 둘이 창조하는 경험을 통해 나에게 전달된다. 어린 시절 성추행의 영향은 환자에게 제약을 가하고, 건강한 정신적, 신체적 성장을 방해하는 "흉터"(되기becoming의 차단)를 남긴다. 우리는 과거를 바꿀 수는 없지만, 과거 사건이 발생했을 때 환자가 경험할 수 없었던 것을 환자와 함께 살아내면서 환자의 "과거의 현재 순간"을 형성하는 데 도움을 줄 수 있다.

임상 예시

Ms. C가 분석을 시작했을 때, 그녀는 "자신을 느끼지 못한다"고 말했다. 그녀는 자신이 자기 삶의 "방문자"처럼 느껴졌다. 그녀는 엄마와 아내로서 어떻게 행동해야 하는지에 대한 단서를 다른 사람들에게서 얻으려고 노력했다. 분석이 시작될 때부터 그녀는 "하루하루"를 버텨내는 데 도움을 달라고 나에게 의지했지만, 동시에 그녀는 나를 철저히 불신했다. 주말 동안 만나지 못하는 것은 그녀에게 고문이었지만, 나와 함께 있을 때는 비난을 퍼부었다. 예를 들어, 그녀는 내가 판단적이거나, 거만하거나, 무식하거나, 교육받지 못했다고 말하면서 내가 하는 모든 말에 반박했다. Ms. C는 회기 15분 전에 도착하곤 했다. 어느 회기의 시작에서 그녀는 내가 너무 빨리 대기실에서 그녀를 마중했다고 말했다. 그녀는 "회기를 제시간에 시작하세요. 그렇지 않으면 내가 어디 있는지 모르겠습니다."라고 말했다.

분석 과정에서 환자는 삼촌에게 수년간 지속된 성적 학대를 당했던 것에 대해 이야기할 수 있을 만큼 나를 신뢰하기 시작했다. Ms. C의 설명은 기억이라고 할 수 있지만, 나는 그것을 환자의 내적 현실에서 파생된 우리의 공동-구성으로 보았다. 이러한 공동-구성을 역사적 "사실"과 연결하는 것은 나에게는 별 의미가 없다. 그 사실이 무엇이든, 그 경험들이 환자에게 남긴 인상 속에서만 존재할 뿐이기 때문이다. 환자가 성추행 사건에 대한 기억을 이야기할 때, 나는 그 사건이 일어났던 방들을 너무나 생생하게 떠올려 보았고, 때로는 그것이 내 상상이라는 사실을 잊기도 했다.

수년간의 분석 과정을 거치면서 Ms. C는 성추행에 대한 기억을 "사라지게" 하거나 사건을 "발생하지 않게unhappen" 할 수 있는 방법이 아무것도 없다는 것을 수용하기 시작했다. Ms. C 는 나에게 훨씬 덜 화가 났고, 어린 시절과 현재 자신에 대해 더 깊이 연민을 느낄 수 있게 되었다. 어느 날 그녀는 이렇게 말했다. "지금까지는 '우리'가 이 분석을 함께 해 왔다는 느낌을 받았지만, 이제는 '우리'라는 존재가 없고, 저 혼자입니다." 나는 대답하기를, "당신만이 당신의 인생 고통을 느끼는 것은 사실이지만, 제가 그 사실을 아는 것이 우리 둘 다에게 중요합니다."

내가 Ms. C와 함께 작업하면서 설명한 내용에서 우리는 시간에 대한 통시적 경험과 동시적 경험의 상호작용과 그 둘이 필수였다는 것을 볼 수 있다. 환자는 통시적 시간을 존중해야 한다고 완고하게 고집했는데(그녀는 내가 회기 시작에 동의한 시간을 정확히 지켜야 한다고 요구했다), 합의된 시작 시간을 지키지 않자 그녀는 "제가 어디에 있는지 모르겠다"고 느꼈기 때문이다. 그녀는 분석 과정에서 성희롱을 경험하면서 자신이 누구인지 붙잡으려는 노력을 방해하지 말아 달라고 간청하고 있었다.

내가 묘사한 분석의 단계가 끝나갈 무렵, Ms. C는 예전에는 "우리"가 있었지만 이제는 더 이상 없다고 말했다. 그녀가 지금 완전히 홀로라는 느낌은 어린 시절의 외상을 (주로) 공동-창조된 주관성(시간의 동시적 경험)의 관점에서 경험하는 것에서 고통과 함께 혼자 있는 느낌, 나와 분리되는 느낌을 경험하는 것으로 이어지는 과정을 반영하는 것 같았다. 이 둘은 모두 통시적 시간 경험을 반영한다. 환자에게 한 내 대답은 "당신만이 당신의 인생 고통을 느끼는 것은 사실이지만, 제가 그 사실을 아는 것이 우리 둘 다에게 중요합니다."였다. 이는 성추행 경험은 오직 그녀만의 것이지만, 내가 그 경험을 알고 그녀가 그 경험을 자신의 것으로 만들어가는 과정에 함께하는 것이 우리 둘 다에게 중요하다고 말하는 방식이었다. 내 말에는 내가 환자와 분리된 존재라는 생각이 내포되어 있었는데, 이는 환자가 어린 시절 성추행을 당했고 그 후유증을 계속 겪고 있다는 것의 "증인이 되기bear witness"(Poland, 2000) 위해 필수적이었다.

나가는 말

분석 회기에서 시간의 경험은 동시적(그리스어로 "함께"와 "시간"을 의미)이며 통시적(그리스어로 "통해"와 "시간"을 의미)이다. 시간의 동시적 경험에서 모든 시간은 과거가 우리에게 남긴 인상의 형태로 현재 순간에 존재한다. 분석에 외상을 가져온 환자는 분석가가 환자와 함께 외상 경험을 공동으로 창조하고 살아내기를 원한다(동시적 시간으로). 환자가 혼자가 아닌 경험을 하는 것이다. 동시에 환자는 분석가가 자신의 어린 시절 외상 사건과 그 후유증의 증인이 될 수 있는 분리된 사람이기를 필요로 한다(통시적 시간으로).

참고문헌

Bion, W. R. (1967). Notes on memory and desire. In *Wilfred Bion: Los Angeles Seminars and Supervision*, ed. J. Aguayo & B. Malin. London: Karnac, 2013, pp. 136–138.

Eliot, T. S. (1919). Tradition and individual talent. In *Selected Essays*. New York: Harcourt, Brace, and World, 1960, pp. 3–11.

Eluard, P. (1968). *Oeuvres Completes*, Vol. 1. Paris: Galliamard, p. 986.

Faulkner, W. (1951). *Requiem for a Nun*. New York: Random House.

Freud, S. (1918). From the history of an infantile neurosis. *SE 17*. London: Hogarth Press, 1955, vol. 88, pp. 681–684.

Ogden, T. H. (1994a). The analytic third: Working with intersubjective clinical facts. *Int. J. Psychoanal*. 75: 3–20.

Ogden, T. H. (1994b). *Subjects of Analysis.* Northvale, NJ: Jason Aronson.

Ogden, T. H. (2014). Fear of breakdown and the unlived life. *Int. J. Psychoanal*. 91: 205–224.

Ogden, T. H. (2017). Dreaming the analytic session: A clinical essay. *Psychoanal. Q.* 86: 1–20.

Poland, W. (2000). The analyst's witnessing and otherness. *J. Am. Psychoanal. Assn*. 48: 80–93.

Winnicott, D. W. (1967) Mirror-role of mother and family in child development. In *Playing and Reality*. New York: Basic Books, 1971, pp. 111–118.

5 환자가 가져오는 것을 돌려주기
위니캇의 "어린이 발달에서 엄마와 가족이 담당하는 거울역할"에 대하여

위니캇(1967)의 "아동 발달에서 엄마와 가족이 담당하는 거울역할"은 자기의 경험 개념과 관련된 그의 가장 중요한 공헌 중 하나라고 생각한다. 이 글에서 위니캇은 엄마의 눈에 비친 자신의 모습을 보며 유아의 존재가 형성되는 것에 대한 이해를 제시한다.

엄마가 거기서 보는 것

위니캇의 논문은 이렇게 시작된다: "개인의 정서 발달에 있어서 *거울의 전조는 엄마의 얼굴이다*"(p. 111, 원문의 이탤릭체). 그는 논문의 나머지 부분에서 이 아이디어를 구체화한다.

위니캇은 자신과 독자를 위해 초기 발달에 관한 자신의 사고의 틀을 제시한다:

> 핵심적인 진술은 이런 것이다: 유아 정서 발달의 초기 단계에서 환경이 담당하는 결정적인 부분이 있으며, 이때의 환경은 아직 유아에 의해서 나-아닌 것으로 분리되지 않은 환경이다. 점진적으로 나로부터 나-아닌 것의 분리가 발생한다. 주 변화들은 엄마가 객관적으로 인지된 환경적 특징으로 분리되는 데서 발생한다. (p. 111)

엄마(환경)와 유아는 초기에 환경이 엄마가 분리된 사람이 아닌 상태에서 유아가 엄마를 자신과 분리된 존재로 볼 수 있는 상태로 발전하는 과정에 참여한다. 주체는 대상이 생성되는 것과 동시에 생성된다. 왜냐하면 대상이 없는 주체나 주체가 없는 대상은 있을 수 없기 때문이다.

초기 단계에서:

> 아기를 잘 안아 주고, 만족스럽게 다루어 주며, 이것과 함께 아기의 적당한 전능경험이 침해되지 않는 방식으로 대상이 제공된다. 결과적으로 아기는 그 대상을 사용할 수 있고, 그 대상은 아기가 창조한 주관적 대상처럼 느껴진다.(p. 112)

이는 환상illusion의 시기이다. 엄마는 아직 구분된 대상이 아니다(엄마는 *주관적인 대상*, 즉 유아의 연장선으로 경험된다). 나중에야 유아는 자신과 분리된 실제 사람(*객관적으로 인지되는 대상*)으로 "그 대상을 사용할 수 있다".

유아가 전능함에 대한 환상을 경험한 후 점차 환멸을 느끼는 과정을 간략하게 설명한 다음, 위니캇은 "유아는 처음으로 엄마를 분리된 사람으로 볼 때 무엇을 봅니까?"라고 질문한다.

> 이제 어떤 시점에 이르러 아기는 주변을 살핀다. 아마 그 어린 아기는 젖가슴을 바라보고 있지 않을 것이다. 얼굴을 바라보는 것이 특징적인 모습일 것이다(Gough, 1962). 아기는 거기서 무엇을 보는 걸까? 그 대답을 얻기 위해 우리는 정신분석 환자들을 치료하는 과정에서 겪은 우리의 경험에 의존해야만 한다. 그 환자들은 매우 초기의 현상으로 되돌아갈 수 있으면서도, 언어 이전의 말로 표현할 수 없고, 아마 시로서만 표현될 수 있는 섬세한 내용을 손상시키지 않으면서(그들이 그렇게 할 수 있다고 느낄 때) 그것을 말로 담아 낼 수 있었던 사람들이었다. (p. 112)

위니캇이 아기가 처음 엄마를 볼 때 무엇을 보는지에 대한 질문에 답하기 위해 분석 환자와의 작업에 의존한다고 말하는 것이 놀랍다. 그는 생애 마지막까지 소아과 의사로서 일하면서 수백 명의 엄마와 유아를 만난 작업을 활용하지 않는 것 같다. 위니캇은 그의 환자들이 때때로 그와 함께 경험하는 퇴행 상태에 있을 때 자신의 내적 경험에 대해 그에게 무언가를 말할 수 있다고 말할 것이다. 이와는 반대로, 정의상 전언어적인 상태에 있는 유아들은 주관적인 경험을 묘사할 수 없다. 나는 이 부분에서 위니캇의 의견과 다르다. 나는 내 아이들이 유아였을 때 나에게 마치 유아가 자신의 정신 상태에 대해 매우 구체적으로 의사소통하는 것처럼 보이는 유발된 정신 상태를 경험했기 때문이다. (제임스 그롯슈타인은 나에게 영어가 제2 외국어라고 말한 적이 있다. 나는 그를 25년 동안 알고 지냈지만 이에 대해 전혀 몰랐기 때문에 깜짝 놀랐다. 나는 그의 모국어가 무엇인지 물었다. 그는 "아기 말"이라고 대답했다.)

위니캇은 이제 세 문장으로 논문의 핵심을 제시한다:

엄마의 얼굴을 바라볼 때 아기는 무엇을 보는가? 나는 일반적으로 아기가 자신을 본다고 생각한다. 다른 말로 하면, 엄마가 아기를 바라보고 있을 때 우리에게 보여지는 그녀의 모습은 그녀가 거기에서 *무엇을* 보는가와 관련되어 있다. (p. 112, 원문의 이탤릭체)

두 번째 문장에서 위니캇은 유아가 엄마의 얼굴에서 보는 것이 바로 자기 자신이라고 말한다. 그는 다음 문장에서 이 생각을 수정한다. "그녀의 모습은 그녀가 거기에서 무엇을 보는가와 관련되어 있다." 이 두 번째 문장에서 매우 중요한 두 가지 조건문이 소개된다. 유아는 자신과 *비슷한* 것과 자신과 관련된 것을 본다. 이러한 조건문은 유아와 엄마 모두에게 상상적 사고가 발생할 수 있는 공간을 열어준다. 유아는 자신의 거울상을 보는 것이 아니다. 그러한 거울상은 기계적이고 생명력이 없기 때문이다. 유아가 보는 것은 엄마가 창조한 것, 즉 엄마가 유아에게서 보는 것에 대한 신체적, 정서적 반응이다. 건강한 엄마는 유아가 누구인지 보고 그 안에서 즐거움을 느낄 수 있다.

여기에는 암묵적인 역설이 있다. 엄마는 유아를 창조하고(유아에 대한 주관적인 반응, 즉 엄마만의 고유한 창조물), 그리고 엄마는 유아를 객관적으로 발견한다(엄마가 만들어 낼 수 없었던, 자신에게 고유한 모든 것을 인식하면서). "엄마가 유아를 창조하는가, 아니면 발견하는가?"라는 질문은 유아에게 가지고 노는 소방차가 실제인지 상상인지를 묻지 않는 것처럼, 해서는 안 되는 질문이다. 엄마와 유아의 거울 경험은 놀이의 한 형태이다. 이 역설을 해결해서는 안 된다. 위니캇은 놀이와 거울, 그리고 모든 상상적 삶에 내재된 역설을 "수용하고 관용하고 받아들여야 하며, 그것이 해결되어서는 안 된다"(Winnicott, 1971, p. xii)고 요구한다.

어떤 의미에서 엄마는 유아를 보고 반응할 때 *아무것도 알지 못해야* 한다. 왜냐하면 미리 아는 것은 엄마의 투사이지 유아가 누구인지에 대한 반응이 아니기 때문이다. 이러한 정신으로, 위니캇(1969)은 자신의 분석 작업에서 "주로 환자에게 내 이해의 한계를 알리기 위해"(pp.86-87), 즉 자신이 아는 것의 한계를 알리기 위해 해석한다고 말한다.

인식의 실패

개인은 자신이 누구인지 볼 수 있도록 도와주는 다른 사람의 반응 없이는 건강하게 성장할 수 없다. 엄마와 다른 사람의 반응이 없다면 유아는 자신을 아무도 아닌 존재로, 혹은 어떤 사람의 모방으로, 혹은 엄마가 기대하는 사람으로, 혹은 자신이 유일한 존재로 여겨지는 경험의 대리물로 자신을 경험한다.

위니캇은 엄마가 유아에게 자신의 반응을 전달하는 데 어려움을 겪는다는 점에 대해 절대 순진하지 않다.

> 나는 아기를 돌보는 엄마들에 의해서 자연스럽게 행해지는 이것을 당연한 것으로 취급하지 말 것을 요청한다. 나는 엄마가 아기에게 자신의 기분을 반영하거나, 더 나쁘게는 자신의 방어체계들의 경직성을 반영하는 경우를 곧바로 지적함으로써 나의 논지를 증명할 수 있다. 그럴 경우 아기는 무엇을 보는가? (p. 112)

쉬운 아기와 어려운 아기가 있으며, 엄마와 세상에서 즉시 기쁨을 느끼는 아기와 세상이 너무 시끄럽고, 너무 밝고, 너무 많아서 버거워하는 아기가 있다. 어려운 아기는 종종 젖을 먹거나, 잠을 자거나, 엄마의 신체 모양에 맞추는 것을 어려워한다. 달래지지 않는 아기의 엄마의 얼굴은 아기의 괴로움뿐만 아니라 이 아기의 엄마가 될 수 있는 능력, 또는 엄마가 될 수 있는 능력에 대한 걱정을 반영할 가능성이 높다. 이러한 상황에서 중요한 질문은 "아기가 엄마의 얼굴에서 무엇을 보는가?"일뿐만 아니라 "엄마는 아기의 얼굴에서 무엇을 보는가?"이다.

위니캇은 이어서 말하기를, "물론 엄마가 반응할 수 없었던 순간들에 관해서는 아무것도 말할 수 없다. 많은 아기들은 그들이 표현한 것을 되돌려받지 못하는 긴 경험들이 있다"(p. 112). 나는 두 번째 문장의 표현이 충격적이다. 위니캇은 여기서 유아를 단순히 보살핌과 사랑을 받는 수동적인 존재로 보는 것이 아니라, 엄마에게 사랑, 부드러움, 신체를 맞추기, 그리고 인정의 눈빛을 주는 능동적인 존재로 본다. 이러한 주는 행위는 엄마가 그의 눈빛에서 *그가 엄마에게서 보는 것*을 볼 때, 엄마를 지탱해 준다. 엄마가 부재할 때 아기란 없다(Winnicott, 1960). 그리고 나는 아기가 부재할 때 엄마란 없다고 덧붙이고 싶다.

엄마가 유아의 눈빛에서 자신을 엄마로 보는 경험의 효과는 유아가 만성적인 고통에 처해 있을 때, 예를 들어 산통이 있거나, 병약하거나, 한 시간 이상 잠을 자지 못하는 아기일 때 강력하게 드러난다. 이러한 유아의 엄마는 아기의 눈빛에서 부적절한 엄마를 본다. 고통에서 벗어나기를 갈망하는 유아는 고통을 덜어줄 수 있는 힘, 엄마의 전능함을 요구한다. 엄마 또한 스스로에게 전능함을 요구하지만 엄마는 이를 제공할 수 없으며, 그런 의미에서 실패자이다. 건강한 상태에서 엄마와 유아는 상호 인정의 경험을 함께 만들어 가며, 서로의 눈에 비친 자신의 모습을 본다. 이러한 상호 인정 경험의 단절은 엄마와 유아 모두에게 엄청난 손상을 준다. "역전이에서의 증오"에서 위니캇(1949)은 엄마가 유아 때문에 실패자처럼 느껴질 때의 경험에 대해 말한다. 엄마는 아기를 증오하는데, 그 이유는 "처음부터 실패를 하면 아기가 영원히 자신에게 대가를 치르게 할 것"이라고 느끼기 때문이다(p. 201). 나는 비록 그 실패가 전능하지 못한 실패라 할지라도, 엄마가 엄마로서의 "실패"에 대해 유아보다 훨씬 더 스스로 대가를 치르게 한다고 덧붙이고 싶다.

위니캇은 엄마가 유아에게서 본 것을 반영하지 못하는 두 가지 결과를 이렇게 설명한다. "첫째, 유아 자신의 창의적 능력이 위축되기 시작하고, 어떤 식으로든 환경으로부터 자신의 무언가를 되찾을 다른 방법을 찾는다"(p. 112). 위니캇에게 살아 있다는 것은 "창조적인" 활동이다. 살아 있다는 것(생존하는 것과는 반대로)에서 우리는 항상 상상력을 발휘하여 자신을 창조한다. 부분적으로는 이것이 타인의 반응을 매개로 이루어진다. 인정받는 경험이 없으면 유아의 창의적 시각은 위축된다; 세상은 지루하거나 혼란스러워진다.

유아의 창조적 능력의 위축에 대한 이 글을 읽으면서, 나는 장기 입원 병동에서 3년 동안 함께 일했던 정신병 청소년 G가 떠오른다. G의

증상 중 하나는 자신이 자란 동네를 끝없이 돌아다니는 습관이었는데, 낮잠을 자고 싶을 때는 근처 아무 집에 들어가 침실을 찾아 침대에 누워 잠을 잤다. 모든 침대는 다른 침대와 호환되었다.

G와 주 5회의 치료적 작업을 하면서, 그는 나의 모든 신체 움직임, 모든 말, 얼굴 표정, 내가 취하는 모든 자세를 따라 하며 소통하는 시기가 있었다. 그의 끊임없는 모방은 내가 누구인지에 대한 감각을 없애버렸다. 나는 내가 사라지고, 아무도 아닌 존재(신체가 없는)가 되는 것을 느낄 수 있었다. 시간이 흐르면서, 나는 G가 나를 모방하는 것을 심하게 혼란스러워하는 엄마의 눈을 들여다보는 경험의 전달로 이해하게 되었다. 그 눈에서 그는 생명이나 엄마가 자신에게서 본 것에 대한 상상적인 반응을 볼 수 없었다. 오히려 무감각하고 죽어버린 생명의 모방, 엄마의 모방, 그리고 인간으로서의 모방을 보았다. 모든 것은 다른 모든 것과 교환될 수 있었다. 아무것도 개인적인 의미를 갖지 못했다. 그는 그녀에게 모든 사람이면서도 아무도 아니었고, 삶의 모방으로만 존재하는 존재였다.

보는 것과 보여지는 것의 쌍방향의 과정

위니캇은 엄마가 아기에게 자신이 보는 것을 표현할 수 없는 것의 결과에 대해 논하면서 다음과 같이 기술했다:

> 아기는 그가 바라볼 때 그가 보는 것은 엄마의 얼굴이라는 생각을 받아들인다(자신에 대한 반응이 아니라). 그때, 엄마의 얼굴은 거울이 아니다. 여기에는 지각이 통각을 대신한다. 세계와의 의미 있는 상호교환이 시작되어야 할 자리에, 보여지는 세상 안에서 의미를 발견하는 것과 자기가 풍성해지는 것이 교대로 일어나는 쌍방향의 과정이 있어야 할 자리에 지각이 자리잡는다. (pp. 112-113)

어떤 아기들은 엄마의 얼굴에서 자신에게 보내는 반응을 보지 못하고, 대신 엄마 자신의 걱정, 두려움, 우울, 혼란, 그리고 걱정에 대한 반응을 본다. "그러면 엄마의 얼굴은 거울이 아니다." 이러한 상황에서 지각(보이는 것에 대한 감각적 등록)은 통각(새로운 경험을 이미 가지고 있는 경험의 이해 구조에 통합하여 의미를 파악하고 새로운 경험으로 자신만의 무언가를 하는 것)을 대체한다.

위니캇이 사용하는 용어인 통각은 수용성의 한 형태일 뿐만 아니라 의사소통의 한 형태이다. 즉, "보여지는 세상 안에서 의미를 발견하는 것과 자기가 풍성해지는 것이 교대로 일어나는 쌍방향의 과정"이다. 유아가 엄마의 눈에 비친 자신과 비슷한 것을 보는 경험은 유아의 자기에 대한 경험을 형성하며, 자기에 대한 경험은 유아가 보는 모든 것(엄마 포함)에서 의미를 발견하고 창조하는 능력의 기초가 된다.

위니캇은 유아가 엄마의 눈에서 자신을 볼 수 없을 때 반응하는 방식을 다음과 같이 설명한다. "어떤 아기들은 희망을 완전히 포기하지 않고 대상을 연구하고 그 대상에서 느낄 수만 있다면 거기에 있어야 할 의미를 찾기 위해 가능한 모든 것을 한다"(p. 113). 이러한 유아들은 자기에 대한 느낌이 형성되기 시작했지만, 엄마가 창조적인 반영 없이는 공고히 할 수 없기 때문에 엄마에게 확인을 찾고 있다. 자신의 모습에 반응해 주는 타자 없이는 자신이 될 수 없다.

위니캇이 글 쓰기를

어떤 아기들은 이런 형태의 상대적 모성 실패에 의해 자극되어서 마치 우리가 날씨를 연구하는 것과 똑같이 엄마의 기분을 예측하기 위하여 다양한 엄마의 얼굴을 연구한다. 그 아기는 기상 예보를 하는 법을 빠르게 배운다: "지금 이 순간은 엄마의 기분을 잊어버리고 자발적이 될 수가 있지만, 다음 한 순간에 엄마의 얼굴이 굳어지고, 엄마의 기분이 지배적이 된다면 나의

개인적인 욕구는 후퇴해야지, 그렇지 않으면 나의 중심적 자기가 모욕을 받게 된다."(p.113)

위니캇은 아기가 엄마 얼굴의 변덕스러운 표정에서 언제 거기에서 자기 자신의 반영을 찾아도 되는지에 대한 신호를 찾으려 하지만, 그런 기회는 결코 오지 않는다는 것을 깨닫는 상황을 묘사하고 있다.

위니캇은 이러한 사고방식을 이어 나간다:

여기에서 병리의 방향으로 조금만 넘어가면 예측하기가 힘든 예언 가능성의 문제가 있다. 이때 아기는 사건들의 발생을 허용할 수 있는 능력에 제한을 받을 정도로 스트레스를 받게 된다. 이것은 아기에게 혼돈의 위협을 가져오며, 아기는 철수를 조직화하거나 하나의 방어로서의 지각(단순한 감각 입력의 등록)을 통해서만 모든 것을 보려고 할 것이다. 이와 같은 경험을 한 아기는 거울에 대해 그리고 거울이 제공해 주는 것에 대해 혼동스런 느낌을 지닌 채 자라게 될 것이다. 만약 엄마의 얼굴이 반응해 주지 못한다면 그 거울은 그냥 보여지는 것일 뿐 내면을 반영해 주지는 못할 것이다. (p. 113)

아기는 엄마의 얼굴에 나타난 통제할 수 없는 표정을 통제하기 위해 자신의 마음 상태를 엄마 얼굴에 투사하여 엄마의 얼굴에 대한 소유권을 장악하려고 시도한다. 이것은 아기가 엄마의 얼굴을 예측 가능하게 만들었다는 환상을 잠시 만들어 내지만, 이러한 노력은 실패로 끝나고 아기는 "사건을 허용"할 수 없게 된다. 즉, 삶을 있는 그대로 받아들이고 삶의 사건에 대한 개인적인 반응으로 창조적인 무언가를 할 수 없게 된다. 이러한 유아의 투사와 실제 삶의 사건 사이의 간극은 너무나 커서 세상은 혼란스럽고 완전히 이해할 수 없는 것이 된다. 유아가 경험하는 혼돈과 혼란에 반응하여 유아는 세상으로부터 "철수를 조직하고", 즉 조직적인 방어 구조(아마도 분열성[Fairbairn 1944] 또는 자폐증[Tustin 1981]의 본질)를 만들 수 밖에 없다. 이런 식으로 성장하는 유아는 "거울에 대해 그리고 거울이 제공해 주는 것에 대해 혼동스런 느낌을 지닌 채 자리게 될 것이다." 즉, 다른 사람의 눈에 비친 자신의 모습을 보는 것의 가치를 전혀 느끼지 못하게 된다. 다른 사람들이 반영해 주는 것이 자신이 누구인지 식별하는 방식이라는 것을 보지 못하고, 단지 지각(감각적으로 등록)되는 사건으로, 그것을 전혀 활용(통각)하지 못하고, 그것을 들여다보고 자신을 들여다볼 수 없다.

건강에서 거울의 사용

위니캇은 이제 거울과 교류하는 건강한 아이들에게 관심을 돌린다. "보통의 소녀가 거울 앞에서 자신의 얼굴을 자세히 살펴볼 때, 그녀는 엄마상이 거울 안에 있고 엄마가 그녀를 볼 수 있으며, 엄마가 자신과 친밀한 상태에 있음을 자신에게 확인시키고 있다"(p. 113). 거울 속의 자신의 얼굴을 보는 "보통의 소녀"는 거울 속에서 자신과 "친밀한 상태에 있"는 엄마의 존재를 본다. "en rapport"라는 문구는 프랑스어로 적어도 세 가지 의미를 가지고 있는데, 여기에는 "양보하다", "들고 오다", "들고 돌아가다" 등이다. 위니캇은 소녀와 거울 속에서 그녀가 보고 있는 엄마의 관계를 설명할 때 이 세 가지 의미를 모두 사용하고 있는 것 같다. 소녀는 엄마가 자신을 알아보고, 반응하고, 자신이 누구인지 볼 때 엄마에게 *양보한다*; 그녀는 마치 엄마의 눈빛이 소녀를 품에 안고 더욱 명확한 자기의 느낌을 갖게 하는 듯, 엄마가 자신을 들고 올 수 있도록 허락한다; 그리고 엄마는 소녀가 엄마의 눈빛에 비친 자신의 모습을 다시금 들고 *돌아갈* 수 있도록 돕는다.

다음 문장을 읽으면서 처음에는 어리둥절해진다. "소녀와 소년들이 이차적 자기애의 시기에 아름다움을 보고 사랑에 빠지기 위하여 바라볼 때 거기에는 이미 엄마의 지속적인 사랑과 돌봄에 관한 의심이 스며든다는 증거가 있다"(p. 113). 처음 읽었을 때에는 소녀와 소년들이 아름다움을 찾고 사랑에 빠지고 싶어 하는 것에 아무런 문제가 없다고 보였다. 위니캇이 왜 그러한 욕망을 엄마의 사랑에 대한 의심의 반영으로 보는지 궁금하다. 위니캇은 이렇게 답한다. "그래서 아름다움과의 사랑에 빠진 남자는 소녀를 사랑하고 그녀가 아름답다고 느끼며 그녀의 무엇이 아름다운지를 볼 수 있는 남자와 전혀 다르다."(p. 113). 아름다움과 사랑에 빠진 남자는 자신에게서 아름다움을 찾고 싶어 한다. 왜냐하면 그는 어렸을 때 엄마에게 아름답다고 느껴진 경험이 없기 때문이다. 그는 엄마의 눈에 비친 자신의 모습과 엄마가 자신에게서 아름답다고 생각하는 모습을 헛되이 찾는다.

이 남자는 "소녀를 사랑하고 그녀가 아름답다고 느끼며 그녀의 무엇이 아름다운지를 볼 수 있는 남자"와 얼마나 다른가? 이 남자는 자신이 아닌 그 소녀와 사랑에 빠지고, 자신의 아름다움이 아닌 그녀의 아름다움을 본다.

방금 인용한 두 문장은 위니캇 논문의 이론적인 부분의 마지막이다.

임상 삽화들

위니캇 논문의 약 3분의 2는 임상 삽화에 할애되어 있다. 위니캇은 논문의 임상 부분을 다음과 같이 시작한다. "나는 나의 생각을 강요하지 않겠다. 그 대신 독자 스스로 내가 제시하는 생각을 소화할 수 있도록 몇몇 예들을 제공하겠다"(p. 113). 나는 이 문장에서 위니캇의 정수를 발견한다. 그는 독자에게 자신이 지지하는 이념의 요소를 제공하지 않는다. 오히려 독자가 자신만의 무언가를 만들어 낼 수 있는 무언가를 제공한다. 이것이 작가이자 실천 분석가로서 위니캇의 스타일이다.

삽화 I

첫 번째 임상 삽화는 매우 독특하다. 한 페이지밖에 되지 않는다. 처음에는 임상적으로 그다지 많은 것을 묘사하지 않는 것처럼 보인다. 이 이야기의 주인공은 환자가 아니라 "지인"(p. 113)이다. 위니캇이 들려주는 이야기는 "나는 먼저 지인 중 한 여인에 대해 말하겠다. 이 여인은 결혼하여 세 명의 남자아이를 훌륭하게 키웠다"(p. 113)로 시작한다. 이 문장은 여성이 훌륭한 남자아이 세 명을 키우는 것 외에는 더 이상 바랄 것이 없다는 여성 혐오적인 관습적인 믿음을 채택한 것처럼 보인다. 위니캇이 자신의 말에 담긴 아이러니를 듣지 못했다고 상상하기는 어렵다.

위니캇은 그 후 우리에게 이 여인의 내면에 대한 무언가를 알려주는 시각적 이미지를 만들어 낸다. "이 여인은 드러난 모습과는 달리 언제나 우울증에 가까운 정서 상태에 있었다"(p. 113). 이것은 그녀 자신뿐만 아니라 남편에게도 어려움을 안겨주었다: "그녀는 매일 아침 절망의 상태에서 눈을 뜸으로써 결혼 생활에 심각한 장애를 가져왔다"(p. 113).

위니캇은 말하기를, "이 마비시키는 우울은 날마다 마침내 일어나야 할 시간이 되어서야 풀릴 수 있었고, 목욕과 화장을 끝내고 나서야 "얼굴의 표정 관리"를 회복할 수 있었다(p. 114). 이 여성은 "표정 관리"를 하는 것을 통해 우울증에 대한 "해결책"을 찾았다. 다시 말하지만, 어조는 아이러니하다: 표정 관리한다고 해서 우울증이 "해결"되는 것은 아니다. 위니캇은 이 여성의 운명에 대한 간결한 진술로 이 한 단락의 묘사를 마무리한다: "뛰어나게 영리하고 책임감 있는 이 사람은 마침내 만성적 우울상태를 형성시킴으로써 그녀의 불행에 대해 방어하고자 했다. 결국 그녀의 우울은 만성적이고 치명적인 신체장애로 변형되었다"(p. 114).

위니캇은 논평하기를, "이 사례가 보여주는 것은 정상적인 상태가 약간 과장된 것일 뿐이다. 이 과장은 알아봐 주고 승인해 주는 거울을

구하는 과제에 관한 것이다. 그 여인은 자신이 스스로의 엄마가 되어야 했다."(p. 114) 위니캇은 이 여성이 엄마의 눈에 비친 자신의 모습을 발견하는 경험을 엄마와 함께 한 적이 없다고 추측한다. 아침에 그녀가 "꾸민" 얼굴은 비인간적인 얼굴, 엄마의 눈에서 본 생명 없는 얼굴이다.

위니캇은 첫 번째 임상 삽화에 대한 논의를 세 가지 수수께끼 같은 진술로 마무리한다. 이 진술들은 마치 시와 같으며, 다른 말로 바꿔 표현할 수 없다. 그럼에도 불구하고, 이 문장들을 이해하는 것은 우리 각자의 몫이다.

"내가 보여진다는 것을 내가 바라볼 때, 나는 존재한다." (p.114)

"내가 보여진다는 것을 내가 바라볼 때"라는 단 하나의 절에서 보는 것과 보여지는 경험은 주체와 대상에 대한 하나의 상호 풍성해지는 경험이 된다. 이 상호 풍성해지는 보는 것과 보여지는 경험은 존재하게 되는 것의 근간을 이룬다. "나는 존재한다"의 "나"는 첫 번째 절의 두 개의 "나(내)"와 다르다. "나는 존재한다"의 "나"는 이전에 경험하지 못한 정신적 장소에 도착했다는 느낌을 전달한다.

이 세 가지 생각 중 다음은 위니캇의 두 번째 생각이다:

나는 이제 보고 바라보고 볼 수 있는 여유가 있다.(p. 114)

유아 시절에 보여진다는 것은 다른 사람을 진정으로 볼 수 있는 자유를 준다. 왜냐하면 보는 것은 자신이 보여지지 않았다는 느낌을 채워주지 않기 때문이다.

그의 결론은 다음과 같다:

이제 나는 창조적으로 바라보며 또한 내가 통각하는 것을 지각한다.
실제로 나는 거기에 없어서 보이지 않는 것을(피곤하지 않다면) 보지 않도록 주의한다. (p. 114)

다른 사람을 창조적으로 바라볼 때, 사람은 자신의 의미를 창조하는 방식(통각)을 활용하고, 동시에 상대방이 누구인지(지각) 주의 깊게 관찰한다. 자신의 투사와 다른 방어 기제에 근거하여 상대방을 단순히 만들어 내고 있지 않은지 확인해야 한다. "나는 거기에 없는 것을 보지 않도록 주의한다." "(피곤하지 않다면)"을 덧붙이는 것은 자신도 인간일 뿐이라는 사실을 일깨워 준다.

임상 삽화 II

위니캇은 "놀랄만한 외모"(p. 115)를 가진 환자를 소개한다. 그녀는 "자신을 사용할 수만 있다면"(p. 115) "어떤 그룹에서도 중심인물"(p.115)이 될 수 있다. 그녀는 위니캇에게 남자와 커피숍에 갔던 이야기를 한다. 위니캇은 "누군가 당신을 쳐다봤나요?"라고 묻는다(p. 115). 그녀는 위니캇에게 함께 있던 남자 때문에 그녀에게 쏠릴 관심이 그에게 갔다고 말한다. 위니캇은 이 여성의 어린 시절에 대해 자세히 설명하지 않는다. 그는 단지 그녀가 "탄식할 만한 과거"(p. 115)를 가졌다고 말한다. 분석 전체는 "그녀 모습 그대로 '보여지는 것'"(p. 115)을 중심으로 이루어진다. 이 한 문장으로 된 *병력*과 *치료 과정*은 일반적으로 독자에게 더 많은 이야기를 하다가 만 느낌을 줄 것이다. 하지만 이것은 스케치이지 초상화가 아니다. 그는 단순히 "때때로 그녀가 실제로 어떻게 미묘한 방식으로 보여졌는가 하는 점이 그녀에게는 자신의 분석 과정에서 주된 주제였다"고 말한다(p.115). 이 분석에서 중요한 것은 환자의 자기 이해의 확장이 아니라 *보여지는 경험*이다.

위니캇은 이 간략한 반 페이지 임상 삽화를 이렇게 마무리한다: "이 환자는 그림, 특히 시각 예술을 평가하는 비평가로서 특별히 민감했으며, 미(美)의 결핍이 그녀의 인격을 해체시킴으로써 그녀는 자신의 미의 결핍을 인식하게 되고 참담한 느낌(해체 혹은 비인격화)을 갖는다"(p.115). 여기서 초점은 아름다움에 대한 환자의 반응이 아니라 "미의 결핍"에 대한 그녀의 반응이며, 이는 그녀에게 "참담한" 느낌을 준다. 시각 예술에서의 미의 결핍은 환자가 바라볼 가치가 없는 것, 볼 가치가 없는 것, 보여질 가치가 없는 것과 동일시하게 만드는 것 같다. 이것은 그녀를 찢어 놓으며 내적 응집력의 부족을 경험하게 한다.

이 삽화와 다른 삽화들에서 위니캇은 분석가로서의 그의 스타일을 보여주는데, 이는 그의 기법과는 구별해야 한다. 기법은 한 세대의 분석가에서 다음 세대로 전해지는 일련의 원칙으로, 분석가가 환자와 함께 작업하는 방식을 안내한다. 이와는 대조적으로, 스타일은 분석가가 환자와 함께하는 고유한 방식으로, 그의 전체, 그가 살아온 삶, 그가 환자와 함께했던 경험 등을 모두 반영한다(Ogden, 2007). 다른 분석가의 스타일은 존중될 수 있지만, 모방 될 수는 없다.

임상 삽화 III

한 페이지 남짓한 분량에서 위니캇은 "엄마의 우울증이 그녀[환자]에게 끼친 영향"(p. 115)을 중심으로 한 분석에 대해 묘사한다. 그는 "환자기 인간으로서 존재할 수 있게 하기 위하여 이 엄마를 전적으로 바꾸어 놓아야만 했다"(p. 115)고 말한다. 위니캇은 여기서 자신의 우울증 이론과 치료법을 소개한다: 우울증은 환자가 엄마의 고통을 덜어주기 위해 엄마의 우울증을 받아들인 결과이다. 위니캇은 "엄마를 전적으로 바꾸어 놓는" 것이 필요하다. 위니캇이 "바꾸어 놓는 것displacement"라는 단어를 사용한 것은 분석에서 위니캇이 엄마와는 분명히 다른 사람인 경험을 암시하는 듯하다.

위니캇은 환자의 거울 사용에 대해 다음과 같이 말한다:

> 이 환자는 대부분의 여성들을 특징 지우는, 얼굴에 대한 관심이 없다는 점이 두드러졌다... 그녀는 지금 자신이 "늙은 마녀"(환자 자신의 표현) 같다는 사실을 확인하기 위해서만 거울을 본다. (pp. 115~116)

아마도 환자는 자신이 전혀 보여지지 않는 것보다는 낫기 때문에, 늙은 마녀라는 것을 확인하기 위해 거울을 보는 것일 수도 있다.

환자는 위니캇에게 자신의 초상화를 보내달라고 요청했다.

> [그녀는] 아주 단순히 자신을 위해 많은 것을 해 준 사람의 초상화를 획득하는 것일 뿐이라고 생각했다 (내가 그녀에게 많은 것을 해 준 것은 사실이었다). 그러나 그녀가 내게서 들어야만 했던 말은 나의 주름진 얼굴이 그녀 엄마와 유모의 경직된 얼굴들과 연결시켜 주는 어떤 특징들을 가졌다고 하는 내용의 말이었다.(p. 116)

위니캇은 덧붙이기를:

> 나는 내가 얼굴에 관한 이러한 것(주름진 얼굴이 그녀 엄마와 유모의 주름 간의 연결)을 알고 있었고, 그녀가 자신을 반영해 줄 얼굴을 찾고 있다고 해석할 수 있었던 것은 중요했다고 확신한다. 그리고 동시에 나의 얼굴 그림이 주름 때문에 그녀 엄마의 경직성을 어느 정도 다시 재연했음을 아는 것은 중요한 일이었다. (p. 116)

환자는 위니캇에게서 "자신을 반영할 수 있는 얼굴"을 찾아야만 했다.

하지만 동시에 위니캇은 이 환자에게 경직된 그녀의 엄마가 되어야 했다. 둘 중 하나만으로는 충분하지 않았을 것이다. 이 경험은 과거(엄마)와 현재(위니캇과의 경험)와 밀접하게 연관되어 있으며, 위니캇이 엄마를 "바꾸어 놓는 것"을 해야 했다고 말했을 때 염두에 두었던 것일지도 모른다. 그는 자신이 되는 동시에 엄마가 되어야 했다. 이것이 정신분석 치료의 핵심적인 역설이다: 분석가는 전이 대상이 되지만 분석가는 전이 대상이 되지 않는다.

그는 임상 삽화를 이렇게 마무리한다:

실제로 이 환자는 전적으로 훌륭한 얼굴 모습을 지니고 있었으며, 그녀가 그럴 기분일 때에는 드물게 동정심이 많은 사람이었다…그러나 사실은 나의 환자가 자신이 무엇엔가 특히 누군가의 우울에 관련되어 있다고 느끼는 그 순간 그녀는 자동적으로 철수하고 뜨거운 물병을 가지고 침대 안에 웅크린 채 자신의 영혼을 달래야만 했다. 바로 여기에서 그녀는 취약해지는 것이다.(p. 116)

환자가 "전적으로 훌륭한 얼굴"을 가지고 있다고 언급함으로써 위니캇은 다시 한번 정신분석 논문 작성의 규칙을 어기고 있다. 위니캇의 서사적 목소리는 비공식적이며 개인적인 감정을 표현한다: 그는 이 여성의 얼굴을 좋아하고, 이 여성을 좋아하며, 이를 그녀에 대한 반응에 반영한다. 그는 환자를 있는 그대로 보며, 여기에는 다른 사람들의 우울증을 참지 못하는 모습과 다른 사람들의 우울증에 노출되었을 때 침대에 누워야 하는 그녀의 필요까지 포함된다. 위니캇은 환자의 취약성을 온전히 인식하고 받아들일 – 어쩌면 심지어 사랑할 – 수 있다.

삽화 IV

위니캇은 네 번째 임상 삽화는 이렇게 시작한다: "이 앞의 내용을 다 쓴 후에, 한 환자가 내가 분석 시간에 쓰는 내용에 기초한 것으로 보이는 자료를 가져왔다"(p. 116). 위니캇이 묘사하고 있는 분석의 시점에서, 그는 엄마의 눈에 비친 자신의 모습을 보고 있는 유아가 존재하게 되는 것에 대한 이 논문을 쓰고 있다. 환자가 위니캇을 창조적으로 반영하고, 현재 순간의 그를 있는 그대로 인식하는 방식을 예시하고 있다는 것을 위니캇이 알아차렸는지는 불분명하다. 나는 환자가 위니캇을 인식한 것은, 잘 진행되고 있는 분석에 내재된 상호 인식에 포함된다고 생각한다. 위니캇이 독자가 자신이 무엇을 발견할 수 있을지 알 수 있도록 여지를 남겨두지 않았다면 오히려 놀랄 것이다.

이 마지막 임상 삽화에서 위니캇은 정신분석 실천에서 변형적 요인에 대한 그의 이론의 기초와 분석가가 분석 과정에서 이러한 측면을 촉진하는 방식을 제시한다. 그는 환자가 유아였을 때 엄마가 "아기와의 긍정적인 관계 안에 적극적으로 참여하고 있지 않다면… 아기가 엄마를 바라보지만, 다른 사람에게 말하고 있는 엄마를 볼 뿐"(pp. 116-117)이라고 묘사한다.

한 회기에서 환자는 프랜시스 베이컨이 자신의 그림을 유리 액자로 넣어 관람객이 그림뿐만 아니라 유리에 비친 자신의 모습도 볼 수 있도록 하는 것을 선호했다고 말했다. 환자는 이어서 라캉의 "거울 단계"에 대해 언급했지만, "그녀는 거울과 엄마의 얼굴 사이를 연결 지을 수는 없었다"(p. 117)고 말했다.

이 회기에서 환자에게 이 연결 고리를 제공하는 것은 내게는 가능했지만, 내가 할 일은 아니었다. 왜냐하면 그 환자는 본질적으로 스스로 사물을 발견하는 단계에 있었기 때문이다. 그런 상황에서 성급한 해석은 환자의 창조성을 멸절시키며 성숙 과정에 장애물이 된다는 의미에서 외상적인 것이다...심리치료는 영리하고 재치 있는 해석을 제공하는 것이 아니다; 그것은 대체로 장기간 동안 환자가 가져오는 것을 되돌려 주는 것이다. (p. 117)

분석가로서 우리가 하는 일은 환자에게 무의식적으로 일어나는 일에 대해 "영리하고 재치 있는" 해석을 하는 것이 아니다. 오히려 우리의 임무는 "장기간 동안 환자가 가져오는 것을 되돌려 주는 것", 즉 분석가가 환자에게서 "보는" 것을 반영하는 것이다.

위니캇은 이어서 정신분석의 목표에 대한 자신의 개념화를 설명한다. 위니캇의 글에서 그의 전체 프로젝트의 본질을 이 구절과 바로 위에 인용한 구절만큼 잘 전달하는 곳은 거의 없다.

[만약] 내가 이 일을 충분히 잘하면 [영리한 해석을 하지 않는다면] 환자가 자신의 자기를 발견하고 존재하며, 실재한다고 느낄 수 있을 것이다. 실재한다고 느끼는 것은 존재하는 것 그 이상이다; 그것은 자신으로서 존재하는 방식을 발견하는 것이며, 자기 자신으로서 대상과 관계하는 것이고, 쉼을 위해 그 안으로 후퇴할 수 있는 자기를 갖는 것이다. (p. 117)

이 두 구절에서 우리는 정신분석에 대한 위니캇의 공헌이 지닌 혁신적인 본질을 볼 수 있다. 우리가 분석가로서 하는 일과 목표로 삼는 것을 설명하는 데 사용하는 언어는 무의식을 의식화하고 무의식적 갈등을 해결하는 언어에서 변화했다. 이러한 공식화를 위해 위니캇은 분석가의 역할이 영리한 해석을 하는 것이 아니라, 환자가 창조적으로 스스로 발견할 필요성과 권리를 보호하고, 스스로 발견하는 기쁨을 경험하며 실재하고 생생함을 느끼는 것이라고 제시한다. 환자가 분석가가 한동안 알고 있었을지도 모르는 것을 발견할 때, 분석가의 역할은 방해하지 않는 것이다. 환자가 스스로 발견할 필요를 보호함으로써 분석가는 발견의 가치뿐만 아니라, 더 중요하게는 환자의 발견 경험을 보호하는 것이다.

참고문헌

Fairbairn, W. R. D. (1944). Endopsychic structures considered in terms of object-relationships. In *Psychoanalytic Studies of the Personality*. London: Routledge & Kegan Paul, 1952, pp. 82–132.

Gough, D. (1962). The behaviour of infants in the first year of life. *Proc. Roy. Soc. Med.*, 55.

Ogden, T. H. (2007). Elements of analytic style: Bion's clinical seminars. *Int. J. Psychoanal.* 88: 1185–1200.

Tustin, F. (1981). *Autistic States in Children*. Boston, MA: Routledge & Kegan Paul.

Winnicott, D. W. (1949). Hate in the countertransference. In *Through Pediatrics to Psycho-Analysis*. New York: Basic Books, 1975, pp. 194–203.

Winnicott, D. W. (1960). The theory of the parent-infant relationship. In *The Maturational Processes and the Facilitating Environment*. New York: International Univ. Press, 1965, pp. 166–170.

Winnicott, D. W. (1967). Mirror-role of mother and family in child development. In *Playing and Reality*. New York: Basic Books, 1971, pp. 111–118.

Winnicott, D. W. (1969). The use of an object and relating through identifications. In *Playing and Reality*. New York: Basic Books, pp. 86–94.

Winnicott, D. W. (1971). Introduction. In *Playing and Reality*. New York: Basic Books, pp. xi–xiii.

6   숨 쉬고 있는 새의 가슴처럼
위니캇의 "마인드와 심리-소마의 관계"에 대하여

위니캇(1949)의 "마인드와 심리-소마[1]의 관계"는 매우 어려운 논문으로, 나는 이 논문에 대한 집필을 20년 넘게 미뤄왔다. 심리와 소마, 마인드와 몸, 상상적 자기와 살아있는 몸의 다양한 의미를 어느 정도 이해하게 된 지금에야 이 논문을 독해해 보려고 한다. 위니캇의 논문에 나오는 이 단어 쌍들의 의미는 서로 뒤섞이고, 종종 독자에게 그 의미를 구분하는 과제를 남겨둔다. 내 생각에 위니캇은 이 논문을 작성할 당시 자신이 쓴 내용을 생각하고 있었고(자신이 생각한 것을 쓴 것이 아니라), 논문의 마지막 부분에서야 그의 아이디어 중 일부를 가장 완전하게 발전시킨 것으로 보인다. 위니캇의 논문들이 그렇듯이, 이 논문은 길고 복잡하며 독자로 하여금 논문의 전반적인 요점을 놓친 듯한 느낌을 주는데, 사실 논문의 요점은 끊임없이 변화하고 있다.

 내 생각에 이 논문은 위니캇의 가장 중요한 공헌 중 하나이다. 이 논문에서 그는 정신분석을 주로 인식론적, 즉 무의식적 의미를 알고 이해하는 것과 관련된 것으로 보는 멜라니 클라인과 프로이트와는 차별화된다. 이와 대조적으로, 위니캇은 이 논문에서 정신분석의 인식론적 차원에서 존재론적 차원, 즉 존재와 존재하게 되는 것과 관련된 차원으로 강조점을 옮긴다(Ogden, 2019 참조). 예를 들어 클라인과 프로이트는 놀이의

---

[1] 역주) 기존의 위니캇 번역서들에서는 'psyche-soma'를 '심리-신체'로 번역하였으며, 이는 적절하였다. 하지만 이 논문에서 옥덴은 '신체'가 아닌 soma를 강조하고 있기 때문에 영어 발음인 '소마'로 번역하겠다.

무의식적 의미에 초점을 맞추지만, 이 논문에서 위니캇은 놀이(또는 호흡)의 경험(존재 상태)에 관심을 둔다. 2년 후, 이러한 강조점의 변화는 아마도 위니캇의 가장 중요한 공헌이라 할 수 있는 중간 대상과 현상이라는 개념(Winnicott, 1951)에 기여하게 된다. 중간 대상과 현상이란 우리가 환상과 현실 사이, 그리고 대상 세계를 발견하고 창조하는 것 사이에 존재하는 상상의 공간이다.

위니캇의 논문에 대한 "창조적 독해"에서 나는 그의 글을 설명하고 해석할 뿐만 아니라, 관련 주제에 대한 나만의 반응을 제시한다. 위니캇이 독자에게 스스로 이해하도록 맡길 때, 나는 잠재적인 의미라고 생각하는 것을 구체화함으로써 "위니캇을 쓸" 것이다.

나는 위니캇이 암시만 하는 아이디어들을 발전시킨다. 이 중에는 (1) 위니캇이 환자와 함께 경험을 살아내고, 회기에서 경험을 살아내는 무언의 의미 체계를 부여하는 방식을 결합하여 임상적으로 작업을 한다는 생각, (2) 위니캇이 의식과 무의식의 구분(프로이트의 지형학적 모델)과 무관한 일련의 용어와 사고방식을 도입한다는 생각이 있다. 이러한 용어와 개념에는 살아 있음과 죽음, 실제성과 비실제성, 존재의 연속성과 존재의 연속성의 단절이라는 개념이 포함된다. 이러한 개념은 의식과 무의식의 개념을 대체하는 것이 아니라, 의식과 무의식의 개념과 함께 작용하는 관점을 제공한다.

심리-소마의 기능으로서의 마인드

위니캇은 클리포드 스캇Clifford Scott(1949)을 인용하며 논문을 시작한다. 스콧은 "*나는 마인드가 하나의 실체로 존재한다고 생각하지 않는다*"라고 말한다(Winnicott, 1949, p. 243, 원문의 이탤릭체). 그런 다음 위니캇은 마인드의 문제에 접근하는 지침 원칙을 제시한다: "마인드 개념을 연구하려면 항상 개인, 전체 개인을 연구해야 하며, 심리신체적 존재의 시작부터 그 개인의 발달을 포함해야 한다"(p. 243). 위니캇은 인간의 경험을 연구할 때 항상 처음부터 시작한다.

초기 발달이 만족스러울 때, "마인드는 심리-소마의 특별한 기능에 지나지 않는다"(p. 244). 건강한 상태에서 마인드는 심리의 표현이 아니라 심리-소마의 표현이다. 위니캇이 사용하는 "마인드"라는 용어는 명사라기보다는 동사에 가깝다: 그것은 활동이며, 심리-소마 *기능의* 한 측면이다.

위니캇은 마인드와 심리-소마라는 주제에 접근할 언어를 설정하면서, 정신적인 것과 육체적인 것은 "대립"하여서는 안 된다고 말한다(p. 244). 그는 여기서 왜 그런지 설명하지 않지만, 마인드와 뇌, 활동과 물질은 서로 대립해서는 안 된다는 의미이다. 그가 논문의 맨 마지막에 추가한 내용을 나의 독해에서는 시작하면서 언급하겠다. 그 이유는 독해 전반부에 걸쳐 마지막에 명료화된 내용에 의존하기 때문이다. 그는 논문의 끝부분에서 "정신적인 것과 육체적인 것을 대립시키는 것은… 논리적이지 않다. 왜냐하면 이 둘은 같은 물질이 아니기 때문이다"(p. 254)라고 말한다. 이 구분은 핵심적이다. 정신적인 것은 어디에도 위치하지 않은 *경험의 형태*인 반면, 육체적인 것은 몸, 즉 사물에 위치한다. 정신(정신-신체성의 일부로서)이라는 용어는 상상적으로 살아 있는 것(어디에도 위치하지 않음)의 경험을 가리킨다. 신체성은 육체적 살아 있음의 경험으로, 어디에도 위치하지 않으며, 어딘가에 위치하는 사물인 몸과 뇌와는 다르다.

바로 다음에 나오는 구절은 나에게 위니캇의 논문에서 의미심장한 구절 중 하나인데, 심리-소마 개념의 의미와 정신적인 것과 육체적인 것을 대립시켜서는 안 되는 이유를 제공하기 때문이다:

이제 막 발달을 시작하는 개인이 있다고 생각해 보자. 여기에 몸이 있는데, 심리와 소마는 우리가 바라보는 방향에 따라 다르게 보일 뿐 아직 구별되지 않는다. 사람들은 발달하는 몸 또는 발달하는 심리를 볼 수 있다. 나는 심리라는 단어가 여기에서는 *신체의 부분 및 느낌과 기능의 상상적 정교화*, 즉 육체적 살아 있음에 대한 상상적 정교화를 의미한다고 가정한다. (p. 244, 원문의 이탤릭체)

다시 말해, 삶의 시작에는 몸이 있고 아직 미분화된 심리와 소마가 있다 (심리-소마는 몸 *안*에 있지 않다; 그것은 몸과는 다른 경험의 영역이지만 몸과 관련되어 있다). "바라보는 방향에 따라 다르게 보일"것 이다. 위니캇은 심리-소마를 보고 있다고 상상하고 있으며, 심리의 관점에서든 소마의 관점에서든 어디에도 국소화 될 수 없는 환원 불가능한 전체이다. 심리-소마 심리의 관점에서 살펴보면, "여기에서는 *신체의 부분 및 느낌과 기능의 상상적 정교화*, 즉 육체적 살아 있음에 대한 상상적 정교화를 의미한다고 가정한다." 나는 이 문장에서 "육체적 살아 있음"이라는 두 단어에 항상 놀란다. 나는 심리가 정신 기능과 관련된 무언가를 의미한다고 예상했다. 하지만 위니캇에게 심리는 상상적으로 육체적 살아 있음의 경험을 창조하는 정신 기능을 의미한다. 위니캇은 살아 있음의 경험을 통해 심리-소마가 건강하다는 것의 의미를 정의한다; 심리의 살아 있음은 소마의 살아 있음과 분리될 수 없다; 심리는 상상적으로 소마의 살아 있음의 경험을 창조한다. 그는 이 문단에서 결론짓기를, "그러나 개인은 심리가 뇌 안에 또는 실제로 몸 어딘가에 위치해 있다고 느끼지는 않는다"(p. 244). 나는 이렇게 덧붙이고 싶다: 소마(육체적 살아 있음)도 몸이나 다른 어딘가에 위치하지 않는다.

다시 말해, 심리와 뇌는 혼동되어서는 안 되고, 소마는 몸과 혼동되어서는 안 된다. 이는 중요한 차이점이다. 심리-소마는 어디에도 존재하지 않는다. 소마는 어디에도, 심지어 몸 안에도 존재하지 않는다. 몸은 사물이고, 소마는 경험이다. 소마는 육체적 살아 있음의 경험이고, 심리는 상상적 살아 있음의 경험이다. 심리-소마는 마인드-몸과 혼동되어서는 안 된다: 건강한 심리-소마는 자기self라고 부르는 것이 가장 좋다. 위니캇은 글을 쓰면서 생각하고 있으며, 그의 사고 과정 초기에는 내가 하는 구분들을 할 준비가 되어 있지 않다. 하지만 나의 사고를 위해서는 이 논문의 도입부부터 이러한 구분을 하는 것이 필수적이다.

위니캇은 심리-소마의 기능을 묘사하기 위해 명사가 아닌 동사를 사용하는 쪽으로 기우는 듯하지만, 아직 그러지는 않는다. 예를 들어, 그는 "상상적으로 정교화하는"과 같은 동사와 부사 대신 "상상적 정교화"라는 명사를 사용한다; 마찬가지로, 그는 "육체적으로 살아 있는" 또는 "육체적으로 살아나기"와 같은 동사와 부사 대신 형용사와 명사 "육체적 살아 있음"을 사용한다. 나는 동사의 사용이 위니캇의 주장에 필수적이라고 생각하지만, 그 자신은 아직 그 결론에 도달하지 못했다.

위니캇은 심리-소마의 발달을 다음과 같이 더 설명한다.

> 성장하는 개인의 심리와 소마의 측면들은 차츰 상호적인 관계를 맺는 과정에 참여한다. 심리와 소마의 이러한 상호 관계 맺기는 개인 발달의 초기 단계를 구성한다…. 후기 단계에서, 살아있는 몸은 그것의 한계 및 내부와 외부를 갖게 되는데, *개인*은 이 과정에서 자신이 창조적 자기의 핵을 갖고 있다고 *느낀다*. (p. 244, 원문의 이탤릭체)

"창조적 자기의 핵"을 형성한다고 *개인이 느끼는 것*은 몸이 아니라 "살아있는 몸"이다. 위니캇은 몸이 아니라 *살아있는 몸*이라는 용어를 사용한다. "살아있는 몸"은 "*개인이 느끼는*" 국소화할 수 없는 경험이고, 반면에 몸은 국소화할 수 있는 것이기 때문이다. 신체적 살아 있음이 심리에 의한 소마의 상상적 정교화인 것처럼, 정신적 살아 있음(상상적 자기)은 "살아있는 몸"의 경험을 핵심으로 한다.

마인드에 대한 이론

이 논문의 첫 부분에서는 삶의 시작부터 *심리와 소마의 개념*에 대해 다루었으며, 이 개념들이 뇌와 놈의 개념과 무엇이 다른지 살펴보았다; 다음 부분에서는 유아의 초기부터의 *존재의 상태들*의 발달과 그것이 심리-소마 발달과 어떻게 관련되는지를 다룬다.

> 개인의 초기 발달에서 건강은 *존재의 연속성*을 전제로 한다. 초기 심리-소마는 *존재의 연속성이 방해받지 않을 때* 발달의 흐름을 따라 앞으로 나아간다; 다른 말로, 초기 심리-소마의 건강한 발달에는 완벽한 환경이 필요하다. 그리고 처음에 그 필요는 절대적이다. (p. 245, 원문의 이탤릭체)

초기 발달에는 수많은 감정 상태가 수반되지만, 위니캇이 심리-소마의 건강한 발달에서 가장 중요하게 여기는 것은 존재의 연속성 경험이다. 존재의 연속성이 방해받지 않으려면 "완벽한 환경이"(p. 245) 필요하다. "처음에 그 필요는 절대적이다."(p. 245). 하지만 나는 이렇게 반박하고 싶다: 완벽함은 엄마가 이룰 수 있는 것이 아니다; 유아의 "존재의 연속성"은 불가피하게 방해를 받으며, 이러한 방해는 방어적 활동을 유발하고, 그 잔여물은 우리를 인간으로 만드는 불가분의 일부이다. 내 생각에 위니캇은 동의할 것이다. 그렇다면 왜 그렇게 말하지 않을까? 왜 "거의 완벽하다"라는 용어를 사용하지 않을까? 이러한 질문의 대답으로, 위니캇은 유아의 "완벽한 환경에 대한 욕구"를 언급하고 있다는 점을 지적하고 싶다. 하지만 유아는 필요한 것을 항상 얻을 수는 없다:

완벽한 환경은 관찰자인 우리에게 유아로 알려진 막 형성된 심리-소마의 욕구에 *적극적으로 적응*해 주는 환경이다. 나쁜 환경은 적응의 실패로 인해 유아를 *침범*하게 되고, 그 침범에 심리-소마(즉 유아)가 *반동*해야 하는 환경이다. 이런 반동은 갓 태어난 인간의 존재의 연속성을 방해한다(p. 245, 원문의 이탤릭체).

계속하여 존재하기Going on being는 신조어(주어가 없는 동사)이다. 위니캇은 유아의 주체가 없는 존재 상태를 설명하는 방식으로 이 용어를 도입한다. 왜냐하면 엄마와 별개로 "유아란 없기 때문이다"(Winnicott, 1960, p. 587, 각주 4). 유아는 아직 주체가 아니다; 엄마는 유아가 그것을 받아들일 준비가 될 때까지 유아의 주체성을 안아준다.

위니캇은 계속해서 "처음에 좋은 (심리적) 환경은 자궁 속에 있거나 안겨 있는 상태로 돌봄을 받는 신체적인 것이다."(p. 245)라고 말한다. 위니캇에게 "안아주기"는 엄마가 유아를 품에 안는 신체적 사건일 뿐만 아니라, 엄마가 유아의 존재의 연속성을 유지하기 위해 하는 정서적 작업이다.

위니캇은 이어서 심리-소마가 성숙하는 상황을 구체적으로 묘사한다. 시간과 발달을 통해서만 유아의 완벽한 환경에 대한 욕구는 상대적이 되며, 이를 통해

유아의 욕구에 적극적으로 적응할 수 있는 보통의 좋은 엄마가 생겨나며, 이는 동일시를 통해 아기의 욕구가 어떤 것인지 알 수 있게 해주는 엄마 자신의 자기애, 상상력 그리고 기억들로 인해 가능해진다. (p. 245)

보통의 좋은 엄마는 자신의 자기애(자신의 유아에 대한 자부심과 통제력)를 활용하는 사람이다. 그녀는 자신의 유아기와 어린 시절(실제와 상상)에 대

한 기억의 산물이다. 그리고 그녀는 "자신의 아기가 존재하도록 상상한다."(Ogden, 2004a)(유아에게는 창조적이면서도 제한적인 방식으로). 이 세 가지 정서적 특성 – 자기애, 상상력, 그리고 기억 – 은 엄마가 아기와 동일시하고, 이러한 동일시를 통해 "아기의 필요가 무엇인지 알 수 있게" 해준다. 위니캇은 보통의 좋은 엄마에 대한 설명에서, 평범한 욕망, 필요, 기억, 강점, 그리고 약점을 가진 사람을 묘사하고 있으며, 이 사람은 자신의 경험을 통해 아기의 입장에 서서 상상하고, 아기에게 필요한 것이 무엇인지 알게 된다.

시간이 지나면 유아(그리고 발달하는 심리-소마)는 더 이상 완벽한 환경을 필요로 하지 않는다:

> *보통의 좋은 엄마*가 곧 충분히 좋은 엄마이다. 만일 엄마의 돌봄이 *충분히 좋다면*, 유아는 정신적 활동을 사용함으로써 그녀의 결함들을 허용할 것이다... 심지어 부정적 돌봄이나 살아있는 방치에 대한 필요까지도 포함된다.(p. 245, 원문의 이탤릭체)

유아는 "살아있는 방치"를 활용할 수 있다. 내 생각에 이 용어는 엄마가 유아를 "방치"(유아를 혼자 내버려 두는 것)하면서도 유아를 위해, 그리고 유아에게 살아남는 것을 지칭하는 것 같다. 위니캇은 엄마가 환경으로서는 살아있는 채 대상으로서는 민감하게 철수하는 것을 지칭하기 위해 *방치*라는 용어를 장난스럽게 사용한 것 같다. 이것은 그가 나중에 엄마와 함께 있을 때 아이가 홀로 있을 수 있는 능력을 발달시키는 것으로 묘사하는 것의 일부이다(Winnicott, 1958). "유아의 이해 능력이야말로 완벽에 가까운 존재가 되고 싶은 필요로부터 엄마를 해방시킨다"(p. 245). "이해"란 유아가 엄마의 마음을 읽고, 엄마가 자신의 욕구에 적응하려고 노력하지만 성공하지 못할 때, 엄마에게 동정심을 보이는 능력을 의미한다고 생각한다. "유아의 정신적 활동은 *충분히* 좋은 환경을 완벽한 환경으로 바꾸어 준다"(p. 245, 원문의 이탤릭체). 유아의 "정신적 활동"(정신)은 이제 엄마가 제공할 수 없는 것을 보완할 수 있다. 이제 엄마-유아 외에도 유아와 엄마가 있다.

이 시점에서 엄마의 역할은 전환된다: "엄마는 우발적인 사건들과 유아가 이해할 수 있는 허용할 수 있는 범위를 넘어서는 현상으로부터 유아를 보호하려고 노력한다"(p. 245). 내 생각에, 충분히 좋은 엄마가 "우발적인 사건으로부터 유아를 보호하려고 한다"는 생각은, 엄마가 유아가 자신의 감정과 행동이 외부 세계에서 일어나는 사건의 원인이라는 믿음에 대해 알고 있다는 것을 의미한다. 예를 들어, 유아는 엄마의 육체적, 정서적 철수나 우울증(아마도 남편과의 다툼이나 사랑하는 사람의 죽음에 대한 반응으로)에 대해 자신에게 책임이 있다고 생각할 수 있다. 유아가 우연히 자유롭게 젖꼭지를 깨무는 신체적 쾌락을 느끼면서 동시에 "근육 성애"(Winnicott, 1952, p. 236)와 "무자비한 사랑"(Winnicott, 1947, p. 201)을 표현하는 데 즐거움을 느낀다면 말이다. 우발적인 사건들의 충격을 제한하기 위해 "엄마는 대체로 유아의 세계를 가능한 한 단순한 것으로 유지하기 위해 노력한다"(1949, p. 245). 나는 "가능한 한 단순한"이라는 문구를 엄마가 자신과 유아가 사는 세상을 두 사람 외부에 있는 세상으로부터 가능한 한 자유롭게 유지하고, 두 사람이 함께 창조하고 거주하는 세상의 관점에서 이해할 수 있도록 자신의 반응들을 제한하려고 노력한다는 의미로 이해한다.

마인드와 심리-소마에 관해 위니캇은 다음과 같이 말한다:

> 마인드의 뿌리 중의 하나는 변화할 수 있는 심리-소마의 기능이며, 그것은 적극적인 환경 적응의 실패에 따르는 존재의 연속성이 위협받는 것과 관련되어 있다. 그러므로 마인드의 발달은 우연한 사건들을 포함해서 특별히 개

인적인 것이 아닌 요인들에 의해 크게 영향을 받는다.(p. 246)

*마인드*라는 용어는 존재의 연속성에 대한("위협과 관련이 있는") 책임이 있는 심리-소마의 한 측면을 지칭한다. 존재의 연속성에 대한 위협은 모성적 적응 실패뿐 아니라, 유아와 관련이 없는 우연한 사건들, 예를 들어 유아의 신체적 질병, 할아버지의 죽음, 아빠의 고통에 대한 엄마의 반응 등으로 인해 발생한다. 이전에는 마인드가 "심리-소마의 특별한 기능"이었으며, 이는 소마에 기반한 정신 활동의 건강한 발달이었다. 여기서 마인드는 존재의 연속성에 대한 위협에 대한 대응으로 심리-소마의 방어적 반응을 포함한다.

우리는 지금 정신적인 것과 육체적인 것을 지칭하는 수많은 용어를 접하고 있는데, 이 용어들은 주로 사용되는 방식에 따라 정의된다. 예를 들어, 정신적인 것과 관련해서는 "심리psyche, "마인드mind", "심리-소마psyche-soma", "정신 활동mental activity", "생각하기thinking", "이해understanding", "존재의 연속성continuity of being", "계속하여 존재하기 going on being"라는 용어가 있다. 그리고 신체적인 것과 관련해서는 "몸body", "소마soma", "육체적인 것the physical", "살아있는 몸alive body", "육체적 살아 있음physical aliveness"이라는 용어가 있다. 이러한 용어들은 위니캇에 의해 어느 정도 정리되겠지만, 독자는 상당한 불확실성을 감수해야 하며, 결국 많은 부분은 스스로 분류해야 할 것이다.

위니캇은 한 가지 생각을 재강조하기 위해 한 걸음 물러난다: "이 [마인드에 대한] 이론에 따르면, 모든 개인의 발달에서 마인드의 아마도 가장 중요한 뿌리는, 자기의 핵에 있는 완벽한 환경에 대한 개인의 필요 안에 있다"(p. 246). 이것은 위니캇이 마인드의 "뿌리"에 대한 두 번째 언급이다. 첫 번째 언급에서 그는 마인드가 존재의 연속성에 대한 위협에 대한 심리-소마 반응에 뿌리 중 하나를 두고 있다고 말했다. 여기서 소개된 마인드의 두 번째 "뿌리", "아마도 가장 중요한 뿌리"는 자기의 핵에 있는 완벽한 환경에 대한 필요이다. 따라서 *마인드*는 유아의 완벽한 환경에 대한 필요와 존재의 연속성의 위협에 대한 반응으로 유아가 취하는 방어 조치 모두에 뿌리를 두고 있다.

위니캇은 "정신, 마음, 그리고 정신 기능"이라는 개념의 관계에 대한 자신의 이해를 다음과 같이 명료화한다.

> 엄마 쪽에서의 어떤 실패, 특히 변덕스러운 행동은 정신 기능의 과도한 활동을 야기한다. 변덕스러운 돌봄에 대한 반응으로 정신 기능이 과도하게 활동할 경우에는 마인드와 심리-소마 사이에 상호대립이 발달할 수 있다. 왜냐하면 비정상적인 환경에 대한 반응으로 사고가 심리-소마를 돌보는 일을 떠맡고 조직화하기 때문이다. 건강한 경우에 그 일은 환경의 몫이다. (p. 246)

여기서 "마인드"라는 용어는 정신 기능의 과도한 활동(과도한 "생각하기")을 지칭하는 데 사용되며, 이는 심리-소마와 대립한다. 즉, 살아있는 몸과 상상적인 자기 경험을 창조하는 것과는 정반대의 목적을 위해 작동한다. "마인드"는 심리-소마 경험에서 분리되어, 심리-소마와 엄마의 유아에 대한 적응으로부터 자신의 활동에 대해 과도하게 생각하고 분리하는 새로운 방어 체계를 구축한다. 이러한 상황에서 마인드는 심리-소마를 돌보는 기능을 맡게 되는데, 건강할 때 이 기능은 엄마가 담당한다. 따라서 엄마와 심리-소마로부터 고립되어 작동하는 마인드는 외부로부터도 고립되어 배우거나 성장할 수 없는 폐쇄 회로를 만들어 낸다. 이제 *마인드*라는 용어는 더 이상 심리나 심리-소마와 동의어가 아니며, 병리적인 방어 조직을 지칭하는 데 사용된다.

그런 다음 위니캇은 "유혹적인 초기 환경에 방어로서 긴장이 점점 더 커지고"(p. 246), "마인드"(병적인 형태)가 감당할 수 있는 능력을 넘어서는 압력을 가하면 어떻게 되는지 묻는다. 이러한 부담 하에서 "혼란스러운 상태(그리고 극단적인 경우), 뇌 조직상의 결함과는 관계없는 종류의 정신적 결함이 예상된다"(p. 246). 극심한 부담 하에서 유아의 정신 기능은 경험을 처리할 수 없으며, 그 결과 혼란과 기본적인 인지 기능을 실행할 수 없게 된다("정신적 결함"). 암묵적으로 "변덕스러운"(p. 246) 또는 "유혹적인"(p. 246) 돌봄은 방치보다 다루기 더 어려울 수 있다.

"덜한 정도"(p. 246)의 유혹적인 유아 돌봄이 있을 때, "우리는 *정신 기능이 그 자체로 하나의 사물이 되는 것*을 발견한다"(p. 246, 원문의 이탤릭체). 여기서 독자는 위니캇을 읽을 뿐만 아니라 위니캇을 써야 한다. 내 생각에 "*정신 기능이 그 자체로 하나의 사물이 되는 것*"이라는 문구는 앞서 설명한 상태를 가리킨다: 즉, 정신 기능이 그 자체의 세계가 되는 것, 외부 영향으로부터 단절된 폐쇄 회로가 되는 것, 결과적으로 배울 수 있는 외부 대상의 경험에서 고립되는 것이다. 육체적 살아 있음과 상상적 자기 대신 과도한 생각하기, 사물을 파악하고 사물을 이해하는 데 몰두하는 정신 활동이 비대해진다. 나는 유혹적인 환경은 항상 줄 듯하지만, 결코 제공하지 않는다는 점을 덧붙이고 싶다. 이에 대해 유아는 전능적 망상이나 자폐성 철수로 반응하며, "실질적으로 좋은 엄마를 대신하고, 그녀를 불필요하게 만든다"(p. 246).

"임상적으로, 이것은 실제 엄마에 대한 의존과, 순응에 기초한 거짓된 성장과 나란히 발생할 수 있다"(p. 246). "실제 엄마"에 대한 의존이 무엇을 의미하는지 이해하려고 노력하면서, 나는 여기에도 위니캇의 글을 써야 한다는 것을 알게 되었다. 그러면서 나는 중간 현상(1951) - 상상력(상상적 자아)이 사는 환상과 현실 사이의 공간 - 이라는 개념에 의존한다. 이 개념은 위니캇이 영국 심리학회에 "심리-소마" 논문을 발표한 지

2년 후에 도입한 것이다. 중간 현상의 개념 사용에 대해, 유아가 "실제 엄마"에 의존하는 것은 발견되고 창조되는 엄마나 유아가 함께 살아나는 엄마에 대한 의존이 아니라, 진짜 엄마에 대한 의존을 수반한다고 말하고 싶다. "실제 엄마"에 의존하는 유아는(그러나 살아있지 못한) "순응에 기초하여"(p. 246) 반응함으로써, 즉 엄마의 필요와 바람에 적응하며 진정한 개인적 성장을 희생한다.

이러한 상황에서,

유아의 심리가 본래 소마와 맺고 있던 친밀한 관계에서 벗어나 마인드와 결합하는 쪽으로 "유혹당하기" 때문이다. 그리고 그 결과로 병리적인 마인드-심리mind-psyche가 발생한다. (p. 247)

유아의 욕구에 적응하지 못하는 모성적 실패, 즉 존재의 연속성에 대한 위협으로 경험되는 상황에 직면하여, 심리는 심리-소마로부터 벗어나 "유혹당하기" 때문에 위니캇이 마인드-심리라고 부르는 병리적 조직의 일부가 된다. 여기서 새로운 점은 마인드-심리가, 유혹을 당해 심리-소마로부터 떨어져 나간 심리를 포함한다는 생각이다. 나는 덧붙이기를, 심리가 마인드-심리에게 유혹당하는 것은 심리가 상상적으로 육체적 살아 있음을 정교하게 만들어 내는 능력을 약화시키고, 이는 다시 육체가 상상적 자기의 핵심을 형성하는 능력을 약화시킨다. 이렇게 심리와 소마는 서로 고갈시키는 관계에 빠지게 된다.

심리는 존재의 연속성에 대한 위협과 그에 따른 임박한 멸절에 대한 두려움으로 인해 방어적인 자세를 취하게 되면 "유혹당하여" 심리-소마로부터 떨어져 나갈 수 있다. 내가 보기에는 심리-소마는 악마와 거래한다: 심리는 임박한 멸절에 직면했을 때 생존을 보장하기 위해 거짓된 약속에 유혹당한다. 유아는 자신을 마비시키고deaden, 유혹하는 엄마가 아니라 "실제 엄마"에게 자신을 내어줌으로써 자신을 방어한다. 진짜 엄마는 유아에게 죽은 존재이기 때문에 더 이상 유혹적인 존재가 아니다. 유아는 그녀를 "순응에 기초한 방식으로" 대함으로써 자신을 무기력하게 만들었다. 마인드-심리에 기반하여 작동하는 유아(심리-소마와는 대조적으로)는 임박한 멸절에 덜 유혹당하고 덜 위협받으며, 이는 살아 있음과 자아의 실제성을 잃는 대가이다.

그런 다음 위니캇은 마인드-심리로 기능하는 사람의 유형을 예시한다. 그러한 사람에게서는

> 의존을 수반하는 모든 관계들의 환경적 측면과 쉽게 동일시하는 경향이 있다... 임상적으로 우리는 그런 개인들이 한정된 기간 동안 *다른 사람들을 위해 특별히 훌륭한 엄마 역할*을 하는 것을 볼 수 있다; 사실, 그런 노선을 따라 발달하는 개인은 원시적 욕구에 적극적으로 적응할 수 있는 능력 덕택에 거의 *마술적으로 치유하는* 속성을 지닐 수 있다. (p. 247, 원문의 이탤릭체)

이 구절을 처음 읽었을 때, 나는 위니캇이 비교적 건강한 사람, 다른 사람을 잘 돌보는 사람을 묘사하고 있다고 생각했다. 여기에 무엇이 잘못되었을까? 위니캇은 힌트를 하나 던진다: 이 사람은 "한정된 기간 동안"(p. 247) 이러한 돌봄 기능을 수행할 수 있다는 것이다.

그는 놀라울 정도로 뛰어난 치유 능력을 가진 그러한 사람에 대한 계속 묘사한다:

> 그러나 실제에 있어서 이러한 인격 패턴들의 허위성은 조만간 분명히 드러나고 만다. 그는 붕괴 위험을 느끼거나 실제로 붕괴를 경험하는데 그 이유는 그런 개인이 '좋은 환경'이라는 개념을 현실로 만들어 줄 *다른 누군가를 항상 발견해야* 하고, 그래서 그가 살 수 있는 유일한 장소인 의존적인 심

리-소마로 돌아가고자 하기 때문이다. 이런 경우에 '마인드가 없는 상태'는 오히려 바람직한 상태가 된다. (p. 247, 원문의 이탤릭체)

그러한 개인이 자신을 돌봐줄 누군가를 찾는 임무는 진실처럼 들리지만, 나에게는 이 구절에서 가장 기억에 남는 부분은 아니다. 심리-소마로부터 고립된 마인드로 기능하는 개인은 항상 "살 수 있는 유일한 장소인 의존적인 심리-소마로 돌아가고자" 한다(p. 247). "살 수 있는 유일한 곳"이라는 구절은 다른 말로 설명하기 어렵다. 의존적인 심리-소마의 장소에서 "살아간다"는 것은 무엇일까? "살아간다"는 것은 "~에서 유래한다", "~에 뿌리를 둔다", "~에서 태어난다", "~에서 생명을 얻는다"를 의미할까? 이 중 어떤 것도, 그리고 이 모든 것을 합쳐도 "살 수 있는 유일한 장소"라는 구절에서 들리는 의미를 제대로 담아내지 못한다.

위니캇은 단락 마지막에 이렇게 덧붙인다: "이런 경우에 '마인드가 없는 상태'는 오히려 바람직한 상태가 된다." 이러한 사람은 마인드가 없는 신체적 상태를 원하며, 그 상태에서 심리와 소마, 살아있는 몸과 상상적 자기, 말하자면 영혼을 경험할 수 있다. (Psyche는 인도-유럽어에서 "숨 쉬다"와 "영혼"을 뜻하는 단어에서 유래한 단어로, 위니캇의 심리-소마 개념을 묘사하는 데 특히 적합한 것으로 보인다.)

위니캇이 "살 수 있는" 곳을 찾는 사람에 대해 묘사하는 방식을 읽으며 내 환자 한 명이 떠오른다. 그녀는 매년 초등학교 아이들을 너무나 헌신적으로 돌보느라 세상과 거의 완전히 단절되었다. 분석 과정에서 그 환자는 나를 돌보았다. 그녀는 제가 "휴식을 취할 자격이 있다"며, 덜 중요한 공휴일에는 만나지 말자고 했고, 아무도 눈치채지 못했을 때 내가 피곤해 보이는 것을 알아차렸다. 그 환자는 함께 있으면 기분 좋지만 지루한 사람이었다.

몇 년간의 작업 후, 환자는 꿈을 꾸었다: "부두에서 배에서 짐을 내리고 있었습니다. 일이 정말 힘들었습니다. 배에서 큰 가구를 끌어 내리는데, 피아노였던 것 같습니다. 손을 심하게 베였지만, 계속해서 가구를 끌어냈습니다. 저는 점점 힘이 빠졌습니다. 바닥에 등을 대고 누워 사람들을 올려다보고 있었습니다. 그들이 도와줄 거라고 기대하며 그들을 올려다보았지만, 그들은 아무것도 하지 않았습니다."

한자의 꿈 이야기를 들으면서, 나는 환자가 소파에 등을 대고 누워 나를 올려다보며 내가 쓸모없다고 생각하는 모습을 상상했다. 이는 환자와 함께 있을 때 종종 느꼈던 감정이었다. 나는 "당신은 꿈속의 당신에게 쓸모없는 모든 사람이네요."라고 말했다.

환자는 평소와 달리 조용했다. 잠시 후, 환자는 "아니요, 저는 제가 등에 메고 다니려고 했던 피아노예요."라고 말했다.

나는 환자의 해석이 내 해석보다 더 유용하다고 생각했다: 그녀에게 쓸모없는 것은 살아있는 사람이 아니라 죽은 것, 그녀가 지니고 다니는 자신의 죽은 면이었다. 그럼에도 불구하고, 환자의 반응에서 가장 중요하게 느껴졌던 것은 꿈에 대한 그녀의 해석이 아니라 그녀가 나에게 "아니요"라고 말한 것이었다. 그녀는 순응을 거부하고 있었다. 그 순간, 그녀는 평소처럼 뭐든지 감사하는 환자 역할을 하며 나를 돌보고 싶어 하지 않았다. 나에게 가장 중요하게 느껴졌던 것은 환자가 "아니요"라고 말하는 경험이었다. 그 시점까지 분석에서 일어났던 모든 일들을 종합해 볼 때, 환자는 죽은 측면을 살아있는 거부로 바꾸면서 살아나기 시작했다.

임상 삽화

위니캇은 자신의 "논제"(p. 248)에 대한 임상 삽화를 제시한다. 그의 논제는 마인드가 실체로 존재하지 않는다는 초기 생각에서 심리와 소마, 살아있는 육체와 상상적 자기의 본질, 그리고 병적인 마인드-심리의 기능에 대한 탐구로 확장되었다. 이 임상 삽화는 이 논문에서 위니캇의 프로젝트를 더욱 확장하여 건강한 심리와 소마가 처음으로 나타나는 상세한 분석 경험을 포함한다.

위니캇의 환자는 47세 여성으로, "자신을 발견하기 위해 항상 애를 쓰지만 결코 성공할 수 없는 사람이라는 깊은 불만을 느끼고 있었다"(p. 249). 그녀는 "일반적으로 호감을 샀다; 사실 사람들이 적극적으로 그녀를 싫어한 적이 전혀 없다고 생각했다"(p. 249): 이것은 이 환자가 모든 사람의 친구이면서도 아무에게도 친구가 되지 않는 방식을 전달하는 희미한 칭찬이다.

분석의 어느 시기 중에 환자는 머리가 깨지는 듯한 무서운 느낌을 받았다. 환자는 이 머리-깨짐을 자신에게 행해진 일이 아니라, 마치 자신의 일부인 것처럼 느껴지지 않는 "거짓 심리"(p. 250)를 없애기 위해 자신에게 하는 일로 경험하게 되었다. 시간이 지나면서 "죽음이라는 단어는 잘못되었으며(머리 으깨짐을 지칭하는 데), 환자는 '포기'라는 단어로 대체하기 시작했고, 결국 적절한 단어는 '알지-못함'으로 드러났다"(p. 250). 그러나 환자는 "알지-못함의 상태를 완전히 수용"할 수 없었다(p. 251).

위니캇은 계속 말하기를:

> 이 분석에서 모르는 환자가 알지 못하는 순간에 도달했을 때, 그녀는 "숨을 쉬기 위해 복부를 조금씩 움직이는 것을 제외하고는 아주 고요히 앉아있는 새"에 대한 기억을 떠올렸다(p. 250).

이 분석 기간 동안 환자는 반복적으로 "의식 안에 있는 틈새"(p. 251), 즉 의식을 잃은 기간 동안의 완전한 기억 상실과 함께 "정신의 기능 정지"

를 경험했다. (의식 안에 있는 틈새는 존재의 연속성의 틈과 전혀 다르다는 점에 유의해야 한다. 전자는 위니캇과 환자가 추구하는 건강한 발달인 반면, 후자는 생존에 대한 위협이다.) 환자는 의식 안에 있는 틈새가 평생 동안 발생했다는 것을 부인했지만, 알지 못함의 상태를 받아들이는 능력이 커지면서 의식의 틈새를 "긴급하게 추구하게 되었다"(p. 251). 이러한 틈새는 그녀가 "자신을 찾지 못하게"(p. 249) 했던 과도한 생각(예를 들어, 분석 내용 전체를 자세히 일지에 기록하는 것)으로부터의 휴식처였다.

환자는 "머리를 부딪히는 격렬한 행동"을 하면서 "정신 기능의 정지를 시도하며… 환자의 머릿속에 정신 과정을 파괴해야 하는 긴급한 욕구가 자리 잡고 있는 것 같았다"(p. 251). 환자는 "너무나 쉽게 인위적인 사물 그 자체가 되는"(p. 251) 그런 종류의 사고로 부터 벗어나고 싶어 했다. 다시 말하지만, 나는 "인위적인 사물 그 자체가 되는 것"의 상태가 환자가 외부의 모든 것과 단절된 사고의 폐쇄 회로에 갇혔다는 것을 의미한다고 이해한다. 결과적으로 환자는 배우거나 성장할 수 없게 된다. 이 상태는 자기 외부의 모든 것과 모든 사람으로부터 단절된 세계이자 일련의 경험들이기 때문에, 사물 그 자체를 의미한다.

여기서 잠시 멈춰서 위니캇이 임상적으로 어떤 환자를 다루고 있었는지 상상해 보자: 그는 환자가 "머리를 부딪히는 격렬한 행동"이 자신과 함께 있는 동안 발생했는지, 아니면 다른 곳에서 했는지는 언급하지 않는다. 어느 경우든, 그는 자제력을 발휘해야 했고, 분석 과정뿐 아니라 머리를 부딪히는 행동이 병리적인 자기-파괴 행위로 보는 것과, 환자의 성격에서 가장 건강한 부분, 과도한 정신 기능이 주는 비현실적인 느낌에서 틈새를 찾는 것을 구분하는 자신의 능력에 대한 확신도 필요했다.

그런 다음 위니캇은 내가 논문에서 가장 중요한 구절 중 하나라고 생각하는, 그리고 그의 전체 저작에서 가장 기억에 남는 임상 삽화 중

하나를 적는다:

> 이 작업[환자가 의식의 틈새를 찾고 있었던 작업]의 결과는 마인드도 없고 정신 기능도 없는 일시적인 단계로 인도했다. 거기에는 몸의 숨쉬기가 전부인 일시적인 단계가 있어야 했다. 이런 식으로 환자는 알지 못하는 상황을 수용할 수 있었는데, 그것은 그녀가 떠나보내고, 포기하고, 아무것도 알지 못하는 동안 내가 그녀를 안아주고 있었고, 숨쉬기를 통해 그녀의 존재의 연속성을 유지 시켜주었기 때문이었다. 그러나 만약 내가 나 자신의 삶의 연속성을 유지한 채, 마치 그녀가 죽은 것처럼 그녀를 안아주었다면, 나는 그녀에게 아무런 도움도 되지 못했을 것이다. 나의 노력이 효과적일 수 있었던 이유는 그녀가(새처럼) 호흡을 할 때, 내가 그녀의 복부가 움직이는 것을 보고 그 소리를 들을 수 있었으며, 따라서 그녀가 살아있다는 것을 알고 있었기 때문이었다. (p. 252)

이 회기에서의 움직임은 해석이나 다른 언어적 개입에 의해 매개되지 않는다. 위니캇은 "그녀를 안아주고 있었고, 숨쉬기를 통해 그녀의 존재의 연속성을 유지"했다고 말한다. 그는 환자와 자신 모두를 위해 정신적 작업을 했고, 환자는 "포기하고, 아무것도 알지"못했다." 위니캇은 "호흡의 음악"의 아름다움을 부드럽게 반복되는 b 소리와 긴 e 소리를 사용하는 방식으로 소통한다: " 그녀가(새처럼) 호흡할 때, 내가 그녀의 복부가 움직이는 것을 보고 그 소리를 들을 수 있었다." 그리고 그는 이 구절의 끝에서 두 번째 문장을 '죽은'이라는 단어로 끝내고, 마지막 문장을 '살아있는'이라는 단어로 끝맺는다. 이것들은 작가가 의도적으로 만들어낸 효과가 아니라, 작가가 잘 집필할 때 글 쓰는 행위에서 만들어지는 효과이다.

위니캇이 묘사하는 "안아주기"는 자신의 심리-소마가 환자의 심리-소마에 친밀하게 반응하는 것을 포함한다. "나는 숨쉬기를 통해 그녀의 존재의 연속성을 유지 시켜주었다." 그는 그녀를 마음속으로, 몸으로 (자신의 호흡으로) 안아주고 있었다. 안아주기는 존재와 시간과의 관계를 포함하는 존재론적 개념이다(여기서 호흡의 연속성은 시간적 요소이다)(Ogden, 2004b). 이 경우 안아주기는 신체적 접촉을 수반하지는 않지만(엄마-유아 관계에서처럼), 본질적으로 위니캇과 환자 모두에게 육체적으로 살아 있는 것이다.

하지만 이대로만 마친다면 이 회기에서 일어나고 있는 일의 매우 중요한 측면을 놓치는 것이다. 빠진 부분은 마치 도둑맞은 편지와 같다. 마치 뻔히 보이는 곳에 숨겨져 있는 것처럼 말이다. 나는 위니캇이 "몸의 숨쉬기가 전부인"이라는 공유된 경험에 회기를 살아내는 의미의 구조를 끊임없이 불어넣고 있었다고 생각한다. 내 생각에 위니캇은 환자가 살아있는 자기감(살아있는 심리-소마)을 발달시키려면 과활성화된 정신 기능을 포기해야 한다는 것을 이해하고 회기에 참여한 것 같다. 그는 환자와 함께 그 경험을 자발적으로 경험하면서 그 의미의 구조가 상당히 정교해졌다. 위니캇의 앎의 작업("나는 그녀가 살아 있다는 것을 알았다") 측면에는 과거의 순간들을 현재로 끌고 오는 것을 포함했다: 환자의 새가 숨 쉬는 모습에 대한 기억, 머리를 부딪히는 모습, 그리고 강박적으로 일기 쓰는 모습 등이다. 하지만 그의 표현은 과거의 경험과 지식을 현재로 가져오는 것 이상의 역할을 한다. 그는 특정한 유형의 기억, 내가 괄호 속 *기억parenthetically*이라고 부르는 것에 참여하고 있다. "(새처럼)."

만약 다른 누군가가 위니캇이 가져온 의미의 구조를 이 환자와 함께한 상황에서 가져오지 않았다면, 그 경험은 그녀에게 "아무런 도움이 되지" 않았을 것이다. 중요한 것은 그녀가 소마("마인드 없이")를 경험하는 것과 위니캇이 환자의 존재/호흡의 연속성을 "(나의) 숨쉬기를 통해" 경험하고 "증인이 되는"(Poland, 2000)하는 것의 조합이었다." "따라서 그녀가 살아 있다는 것을 알고 있었다." 위니캇이 회기에 가져오고 발전시킨 의미의 구조는 환자에게 말이 아닌 호흡의 방식, 의자에서 움직이는 방식 등을 통해 의사소통되었다.

위니캇은 환자가 죽었다면 어떤 일도 일어날 수 없었을 것이라고 말한다. 환자가 살아 있었던 것은 *위니캇이 그녀가 살아 있다고 믿었기 때문*이며, 동시에 환자가 살아 있었던 것은 *자신의 호흡하는 몸을 느끼고 들을 수 있었기 때문*이다. 이 둘은 서로 보충하거나 상호 보완적인 것이 아니다. 나는 이 둘이 해결되어서는 안 될 역설의 요소라고 말하고 싶다.

위니캇은 환자의 호흡이 전부였던 회기 이후의 회기들에서 환자에게 무언가가 변화했다고 말한다.

> 이제 그녀는 처음으로 자신만의 실체인 심리, 즉 숨 쉬는 몸을 가질 수 있었고, 또한 호흡과 다른 생리적 기능에 속하는 환상의 시작을 가질 수 있었다. (p. 252)

위니캇은 여기서 신중하게 단어를 사용한다. 그는 환자가 "자신만의 실체인 심리, 즉 숨 쉬는 몸을 가질 수 있었다"고 말한다. 그는 이 논문에서 지금까지 사용해 온 방식과는 다른 방식으로 '실체entity'라는 단어를 사용하고 있다. 여기서 '*실체*'는 국소화할 수 있는 사물을 지칭하는 것이 아니라, 환자가 자신의 심리-소마를 경험하는 것을 지칭하며, 이는 이제 환자에게 살아있으며 실재한다. "자신만의 실체"라는 표현은 환자 자신의 정체성, 즉 자신만의 심리를 지칭하는 것 같다.

"숨 쉬는 몸"이라는 구절은 환자가 자신의 것으로 느껴지는 심리(상상적 살아 있음)뿐만 아니라 자신의 것으로 느껴지는 소마(육체적 살아 있음)도 가지고 있음을 나타내는 것으로 보인다. 이러한 일련의 살아 있음의 성질은 "호흡에 속하는 환상의 시작"으로 끝맺는다. 이는 호흡에 *대한* 환상이 아니라, 호흡에 *속하는* 환상이며, 심리에 의해 상상적으로 정교하게 표현된다.

아마도 위니캇이 환자의 숨 쉬는지도 모르는-숨쉬기를 들으며 환자가 살아 있다는 것을 알았던 것은, "완벽한" 적응이라고 할 수 있다: 환자가 정확하게 필요로 하는 바로 그것이었지만, 환자는 자신이 필요로 한다는 것을 알 필요도 없었다.

위니캇은 환자에 대해 이렇게 말한다. "이제 그녀는 소마가 살아있는 곳이면 어디든 심리를 위치시킬 준비가 되었을 것이다"(p. 252). 위니캇은 "몸이 살아있는 곳이면 어디든"이라고 말하지 않는다. 위니캇은 언어 놀이를 하고 있는데, 여기서 "위치 시키다"와 "어디든"이라는 용어는 장소를 지칭하는 것이 아니라, 심리가 소마 안에 살아있는 국소화할 수 없는 경험(순수 동사, 항상 진행 중)을 지칭하기 때문이다.

위니캇의 저작에서 무의식의 개념

위니캇의 임상 삽화뿐 아니라 이 논문 전체의 핵심에 있는 한 가지를 언급하고 싶다. 내가 언급하고자 하는 것은 정신분석 이론가이자 임상가로서 그의 저작에서 사용하는 은유와 개념들의 집합에 대한 위니캇의 변화이다. 그는 프로이트가 지형학적 모델에서 묘사한 것과는 다른 의미의 마인드 개념을 활용하고 있다. 지형학적 모델은 억압 장벽으로 분리된 의식과 무의식의 개념을 포함한다. 질병은 수용될 수 없는 억압된 생각과 감정의 의식적 표현에 대한 요구(그리고 그 표현에 대한 방어)의 산물이다. 위니캇은 자신의 주장들이 무의식 개념을 어떤 식으로든 대신하거나 대체한다는 생각을 강력히 거부하리라 생각한다. 왜냐하면 그는 무의식이라는 개념이 정신분석학의 핵심이라고 말할 것이기 때문이다.

그럼에도 불구하고 위니캇이 그의 "심리-소마" 논문에서 *무의식*이라는 용어를 단 세 번만 사용한 것은 의미심장하다.

위니캇이 지형학적 모델을 매우 중요한 개념과 은유의 집합으로 본다고 생각하지만, 그는 또한 다른 개념과 은유들이 중심이 되는 정신분석 이론과 실천 개념을 도입했다고 생각한다. 위니캇은 생각이나 감정, 감각, 경험이 의식적인지 무의식적인지에 대한 질문이 전혀 발생하지 않는 경험의 영역에 관심을 둔다. 위니캇은 심리와 소마의 작용을 살아 있음과 죽어있음, 실제성과 비실제성, 살아있는 몸과 상상적 자기, 존재와 존재의 연속성의 단절이라는 관점에서 이해한다. 이는 억압 장벽으로 분리된 의식과 무의식의 관점에서 심리와 소마의 작용을 이해하는 것과는 대조적이다.

지형학적 모델의 관점에서, 이 논문에서 위니캇이 다루는 경험들을 살펴보기로 하자. 육체적 살아 있음은 의식적인 현상인가, 무의식적인 현상인가? 이 질문을 하는 것조차 의미가 없다: 이 질문은 적용되지 않는다. 살아 있음은 억압 장벽과는 아무런 상관이 없다; 존재의 속성일 뿐이다. 존재는 의식적인 현상도 무의식적인 현상도 아니다. 의식과 무의식에 관한 질문 또한 상상을 통해 육체적 살아 있음을 창조하는 경험에는 적용되지 않는다.

의식과 무의식이라는 개념을 주요하게 사용하지 않는 정신분석 사고방식, 정신분석 과정을 바라보는 방식이 존재한다는 사실을 떠올리는 것은 쉽지 않다. 우리는 의식과 무의식이 단지 관념일 뿐이며, 자아, 이드, 초자아도 관념이라는 사실을 기억해야 한다. 위니캇은 마인드라는 "사물"은 존재하지 않는다고 주장한다. 더 나아가 무의식이라는 "사물"도 존재하지 않는다. 우리는 두 가지 의식(의식과 무의식)을 가지고 있지 않다. 우리는 오직 하나의 의식만을 가지고 있으며, 이 의식은 발현된 것과 잠재적인 특성이 있으며, 우리는 무엇이 잠재적인지에 대해 추론한다. 암묵적이거나 잠재적인 내용은 지형학적 모델에서 무의식이라고 불리지만, 그것은 단지 하나의 모델, 즉 일련의 은유일 뿐이며, 모든 은유와 마찬가지로 결국에는 식상해진다.

프로이트의 지형학적 모델은 본질적으로 공간적이며, 의식과 무의식은 은유적으로 서로 "위와 아래"에 존재하며, 억압 장벽과 두 정신의 경계에서 작동하는 검열 기능에 의해 분리되어 있다. 지형학적 모델은 뉴턴 물리학에서 힘 벡터의 작용과 유사한 정신적 세력들의 작용이라는 관점에서 제시된다. 위니캇의 사고는 프로이트보다 공간적이지 않으며, 정신적 세력의 작용에 덜 집중한다. 위니캇의 사고는 존재론적(존재와 되어가는 것)인 반면, 프로이트의 지형학적 모델은 인식론적(앎과 이해, 그리고 앎과 이해에 대한 두려움)이다. 나는 이 점을 위니캇이 언급한 것보다 훨씬 더 확장하여 강조하고 있다.

우리는 한편으로는 살아 있음과 죽어있음, 실재와 비실재라는 개념과 현상, 다른 한편으로는 의식과 무의식이라는 개념 사이에서 선택할 필요가 없다. 위니캇의 사고는 지형학적 모델을 *넘어서지beyond* 않으며, 지형학적 모델을 *대체*하지도 않는다: 위니캇의 사고는 지형학적 모델과 *나란히* 존재하며, 우리는 주어진 순간에 우리가 생각하는 데 가장 도움이 되는 일련의 아이디어와 은유를 활용한다.

맺음말

위니캇은 "마인드와 심리-소마와의 관계"에서 심리-소마라는 개념을 재창조한다. 그에게 심리는 신체적 부분, 감정, 기능을 상상적으로 정교화하여 신체적 살아 있음을 경험하게 하는 것을 의미하며, 소마는 상상적 자기의 육체적(몸이 아닌) 핵심을 의미한다. 이 둘은 불가분의 관계에 있다.

소마는 몸과 혼동되어서는 안 되며, 심리는 뇌와 혼동되어서는 안 된다. 심리와 소마는 모두 국소화할 수 없는, 펼쳐지는 경험이다.

병리적인 마인드, 즉 "마인드-심리"는 심리가 소마와의 친밀한 연결에서 벗어나 과도한 정신 기능으로 유혹당하는 것을 나타낸다. 이러한 과도한 정신 기능은 개인에게 죽어있고 비현실적으로 느껴진다.

흥미롭게도 위니캇은 *마인드*나 그것의 심리-소마와의 관계에 대한 정의를 내리지 않았다. "위니캇을 쓰면서" 여기서 나는 *마인드*가 사고를 포함한 더 높은 차원의 정신 기능을 의미한다고 생각한다. 이는 의식 자체의 정교화와 같은 더 분산된 정신 기능과는 대조적이다. 후자는 더 넓은 범주인 *심리*의 기능일 것이다.

유아가 감당할 수 있는 수준을 넘어서는 모성 적응의 실패에 직면하여 유아는 "순응하는 방식으로" "실제 엄마"와 관계를 맺는다. 내가 "위니캇"을 "쓰는" 것처럼, 정신의 건강한 발달에서 유아는 환상과 현실 사이의 공간에 존재하는 창조적으로 발견된 엄마와 관계를 맺는다.

임상 삽화에서 위니캇은 분석 작업의 한 지점에 도달하는데, 과도한 정신 기능에 완전히 사로잡혀 있던 환자는, 위니캇과 함께 그가 정신 기능을 대신하게 되는 상태를 경험했고, 환자는 거의 순수한 신체적 살아있음 속에서 자신의 호흡을 경험했다. 내 생각에 위니캇은 분석 과정에서 축적한 의미 구조를 가지고 이 경험에 접근하는데, 이 구조가 없었다면 환자와의 경험은 "작용"하지 못했을 것이다.

위니캇은 이 논문과 그의 저서 전반에 걸쳐 분석 이론과 실제에 대한 이해를 발전시킨다. 그 이해에서 가장 중요한 것으로 여겨지는 경험의 질에는 살아 있음과 죽어있음, 실제성과 비실제성, 존재의 연속성과 존재 연속성의 단절이 포함된다. 이러한 삶의 질은 의식과 무의식(지형학적 모델)이라는 선상에 따라 구분될 수 없다. 나는 위니캇이 다루는 경험의 변형이 지형학적 모델이 다루는 경험의 변형을 대체하는 것이 아니라, 그 변형과 나란히 존재하는 분석적 사고의 한 형태를 구성한다고 본다. 분석가는 주어진 시점에서 자신이 생각하는 데 가장 도움이 되는 개념들을 사용한다.

참고문헌

Ogden, T. H. (2004a). Dreaming undreamt dreams and interrupted cries. *Int. J. Psychoanal.* 85: 855–857.

Ogden, T. H. (2004b). On holding and containing, being and dreaming. *Int. J. Psychoanal.* 85: 1349–1364.

Ogden, T. H. (2019). Ontological psychoanalysis or "What do you want to be when you grow up?" *Psychoanal. Q.* 88: 661–6954

Poland, W. (2000). The analyst's witnessing and otherness. *J. Am. Psychoanal. Assn.* 48: 80–93.

Scott, W. C. M. (1949). The body scheme in psychotherapy. *Brit. J. Med. Psychol.* 22.

Winnicott, D. W. (1947). Hate in the countertransference. In *Through Paediatrics to Psycho-Analysis.* New York: Basic Books, pp. 194–203.

Winnicott, D. W. (1949). Mind and its relation to the psyche-soma. In *Through Paediatrics to Psycho-Analysis.* New York: Basic Books, pp. 243–254.

Winnicott, D. W. (1951). Transitional objects and transitional phenomena. In *Playing and Reality.* New York: Basic Books, 1971, pp. 1–25.

Winnicott, D. W. (1952). Psychoses and child care. In *Through Paediatrics to Psycho-Analysis.* New York: Basic Books, pp. 219–228.

Winnicott, D. W. (1958). The capacity to be alone. In *The Maturational Processes and the Facilitating Environment.* New York: International Universities Press, pp. 29–36.

Winnicott, D. W. (1960). The theory of the parent-infant relationship. *Int. J. Psychoanal.* 41: 585–595.

7   언어의 여명에서의 변형들

말의 상징적 언어의 출현과 함께 일어나는 변형은 경험할 수 있는 것의 측면과 주관성의 본질, 나-다움에 대한 감각, 그리고 자신을 누구라고 느끼는지에 대한 측면 모두에서 중요한 전환점을 맞이한다.

말의 상징적 언어의 습득은 단순히 있는 *그대로*를 경험하는 것이 아니라, 무슨 일이 일어나고 *있는지*, 그리고 자신이 *누구인지*에 관한 생각을 갖게 하는 주관성의 창조를 뒷받침한다.[1] 꿈에서 우리는 있는 그대로의 것에 대한 비언어적이고 이미지로 된 인상을 다룬다. 언어적 상징화를 습득하기 전에는 꿈의 경험에 대해 거리를 두고 볼 수 없다. 꿈은 그 자체이다. 경험 속에서 "나I"가 "나me"를 관찰하는 것은 없다; 자신의 생각에 대해 생각하는 것도, 자기-성찰도 없다; 오직 있는 그대로의 모습뿐만 있을 뿐이다.

환각, 편집증, 그리고 조적 사고는 본질적으로 전언어적이다. 이러한 사고는 *무언가에 대한 생각*이 아니라 무언가에 대한 *지각*으로 경험된다. 자신의 환각, 편집증, 또는 조적 사고에 대해서는 생각할 수 없으며, 단지 그것을 자세히 설명할 수 있을 뿐이다.

다음에서는 언어 이전 경험의 본질, 말의 상징적 언어의 탄생과 함께 일어나는 변형, 그리고 말의 상징적 언어가 완성된 후의 경험의 본질에 대해 자세히 설명하겠다.

---

1   Basch(1983)는 유아기의 말의 언어 발달과 함께 자동적인 "정서적" 반응에서 점점 더 가능해지는 성찰적 정서적 삶으로의 진행에 관한 논문에서 이러한 아이디어 중 일부를 예상했다.

기호와 상징

나는 표현되는 요소(기호)와 그것이 지시하는 것(내용) 사이에 직접적인 관계가 있는 의사소통을 지칭하기 위해 *기호*라는 용어를 사용할 것이다. 예를 들어, 눈 속의 말발굽 모양은 말 한 마리 또는 여러 마리가 거기에 있었음을 나타내는 기호이다.

반대로, 상징은 그것이 명명하거나 지시하는 것과 직접적인 관련이 없다. 예를 들어, *새*라는 단어나 b-i-r-d(상징)라는 글자는 그 이름을 붙인 동물(상징화된 대상)과 아무런 관련이 없다. 유아의 전언어적인 상징화는 기호(지시되는 것과 직접적인 관련)에 기반한다; 예를 들어, 아기의 비명은 아기가 고통을 겪고 있음을 나타내고, 바닥에 음식을 던지는 것은 아기가 느끼는 불쾌감이나 좌절감을 나타낸다.

프로이트(1900, 1915)는 전의식 체계가 전언어적인 상징화(예를 들어 무의식적 사고와 꿈의 시각적 이미지)를 의식적이고 이차 과정 사고에 사용되는 말의 상징적 언어로 변환하는 마음의 지형학적 모델의 일부로 생각했다. 의식적 사고는 통시적(순차적) 시간 속의 인과 관계 논리에 기반한다. 프로이트가 상상했듯이, 정신에는 전언어적인 억압된 무의식이 의식의 영역으로 들어오려는 압력이 항상 존재한다. 이러한 압력은 망각, 혼란, 증상 형성, 유머, 그리고 무의식이 의식에 부여하는 배경색과 강도와 같은 형태로 나타난다. 프로이트에 의하면 말의 상징적 언어의 사용과 의식적인 이차 과정 사고는 자기-성찰 능력을 낳으며, 이는 개인과 분석적 세팅 안에서 발생하는 치료적 분석 과정의 근간을 이룬다.

시걸(Segal, 1957)은 자신이 "상징적 동등시"(p. 395)라고 부르는 것과 "본질적인 상징 형성"(p. 395) 사이의 관계에 대한 정신분석적 관점을 제시한다. 이러한 상징화 형태는 각각 기호와 상징의 언어적 범주와 거의 동일하다. 상징적 동등시는 전언어적이며 편집-분열적 자리(원시적인 부분 대상과 관계를 맺는)와 연관되는 반면, 후자, 즉 본질적인 상징 형성은 우울적 자리(전체 대상과 성숙과 관련되는)와 연관된다. 시걸은 상징적 동등시가 지배적인 정신 상태에서는 바이올린 연주 경험이 자위행위와 동등시될 수 있으므로, 개인은 공공장소에서 바이올린을 연주하지 않을 것이라고 가정한다. 반대로, 상징 형성이 제대로 이루어질 때(우울적 자리에서), 상징(예를 들어 바이올린 연주)은 자위행위와 관련된 무의식적인 성적 환상을 표현하는 데 사용될 수 있지만, 그 환상은 바이올린 연주 행위와 동일하게 경험되지 않는다. 그것들의 관계는 상징적인 것이다.

위니캇에 따르면, 처음에 유아는 "계속하여 존재하기" 상태에 살고 있다(Winnicott, 1949, p.245). 계속하여 존재하기라는 문구(주어가 없는 문구)는 유아가 아직 타자성과 상호작용하는 나-다움I-ness에 도달하지 못한 상태를 나타낸다. 계속하여 존재하기의 상태에서, 유아를 위해 엄마가 주관성(나-다움의 감각)을 안아 준다. 위니캇(1968)에 따르면, 엄마와 유아, 환자와 분석가 사이의 전언어적인 형태의 의사소통은 언어적 상징적 의사소통보다 때로는 더 표현력이 풍부하다.

> 한 환자가 강렬한 감정을 느끼는 순간에 내 손의 피부에 손톱을 박았다. 내 해석은 "아야!"였다. 이는 나의 지적 능력을 거의 필요로 하지 않았고, 즉시 (성찰하기 위한 잠시 멈춘 후가 아니라) 나타났기 때문에 매우 유용했다. 또한 환자에게 내 손이 살아 있고, 나의 일부이며, 내가 쓰이기 위해 거기에 있다는 것을 의미했기 때문이다. (Winnicott, 1968, p. 95)

여기서 위니캇은 전언어적인 의사소통("아야")이 언어적 상징적 의사소통(자기 성찰에서 파생됨)보다 의미를 더 효과적으로 전달하는 방식을 보여준다("내 손이 살아 있었고, 그것이 나의 일부였다"). 이는 위니캇이 분석가들이 환자의 경험에 대한 해석(언어적 상징화 및 이해)을 제공하는 것을 자제하고 환자가 스스로 의미를 발견하는 기쁨을 느낄 수 있도록 해야 한다는 주장의 근거가 된다(1969, p. 86).

말의 상징적 언어가 확립되기 전에 엄마와 아기는 그롯슈타인이 "아기 말"(Grotstein, 2015, 개인적 의사소통)이라고 부르는 방식으로 의사소통한다. 이 언어에서는 필요, 애정, 좌절 등 많은 것이 수많은 기호의 형태로 전달된다: 몽한적인 눈빛, 서로의 몸을 맞추는 것, 젖을 빠는 듯한 느낌과 밤에 울부짖는 듯한 느낌, 그리고 "시의 무한한 다양성과 견줄 수 있는 수천 가지 방식"(Winnicott, 1968, p. 95). 그리고 이러한 전언어적인 소통에서 음악에 대한 최초의 경험을 듣지 않을 수 없다. (엄마-유아 관계와 환자-분석가 관계에서 전언어적인 의사소통에 대한 논의는 Litowitz[2011] 참조할 것.)

말의 상징적 사고의 영역

말의 상징적 사고가 발달함에 따라 새로운 경험의 세계가 우리에게 열린다.[2] 우리는 사물(나무, 자동차, 비행기와 같은 이름)뿐만 아니라 감정 상태(질투, 죄책감, 연민)와 추상적 관념(시간, 죽음, 태양계)에 대한 상징도 만들 수 있다. 사물, 감정, 관념 등의 이름이 생기면 모든 것이 바뀐다.

언어 능력의 발달과 함께 더욱 복잡한 주관성이 생성된다. 이 주관성에서 주체는 언어로 상징화하는 과정에서 상징과 상징화된 것 사이의 "공간"을 차지한다. 개인은 자신의 경험에 관한 대화자, 즉 방대한 단어(언어적 상징)를 사용하여 자신과 세상을 정의하는 의미를 구성하는 사람이 된다. 언어의 발달과 함께, 주체로서의 "나I"와 객체로서의 "나me"

---

[2] 전언어적인 것과 비언어적인 것은 동의어가 아니라는 점을 명심해야 한다. 엄마와 유아 간의 의사소통은 처음부터 궁극적으로 완전한 언어로 상징되는 말이 될 언어 구조의 발달을 반영한다(Vivona, 2012).

가 동시에 생성된다. 관찰하는 "나I"가 없다면 대상(나me)은 존재할 수 없고, 타자성(대상으로서의 나)이 없다면 "나"는 존재할 수 없다. 타자성은 대상으로서의 나와 내가 아닌 모든 것의 형태를 띤다.[3]

언어를 통해, 사람은 말로 타인과 소통할 수 있을 뿐만 아니라, 말로 생각할 수도 있다. 자신과 자신의 생각에 대해 생각할 수 있게 된다. 사건들이 단순히 일어나는 것이 아니라, 관찰하는 자기에게 사건이 일어나는 세상이 창조되며, 그 자기의 지각 장치는 오직 자기의 것이다. 각 개인은 자신의 우주를 해석하는 중심에 있다. 일어나는 모든 일은 단순히 일어나는 것이 아니다(꿈이나 다른 형태의 전언어적 경험처럼); 지각뿐만 아니라 통각(경험을 이미 가지고 있는 생각에 통합하여 무슨 일이 일어나고 있는지 이해하는 것)이 가능한 주체에게 일이 일어나는 것이다. 자기-성찰적인 존재인 나는 일어나는 일을 경험하고 그것을 이해하려고 노력한다.

인형은 말을 배우기 전의 유아나 아동에게는 자신의 내적 세계의 한 면을 투사한 존재이다. 유아나 아동에게 인형은 자신의 내적 상태를 담는 것이나 의인화한 사물이 된다. 인형은 행복하거나 슬플 수 있고, 깨어 있거나 잠들어 있을 수 있으며, 배고프거나 배부르거나, 아동이 경험한 어떤 다른 상태일 수도 있다. 인형의 감정과 움직임은 아동이 그것에 부여하는 것과 직접적인 관련이 있다. 인형과 그것에 부여되는 상태 사이를 중재하는 해석하는 주체는 없다. 보이는 것이 곧 얻는 것이다. 행복하게 춤추는 인형은 살아있는 존재이며, 마치 아이가 행복을 느끼는 것과 같다.

이와 대조적으로, 말의 상징적 언어는 경험에 이름을 붙일 뿐만 아니라, 자신의 삶을 질적으로 다른 방식으로 경험할 가능성을 열어준다. 훨씬 더 광범위한 감정을 느끼는 것이 가능해질 뿐만 아니라, 주관성 자

---

3   Ricoeur(1992) 참조.

체도 질적으로 변화한다. 사람은 자신이 내린 선택을 되돌아보고, 자신이 한 말을 후회하고, 왜 그런 생각이 들지 않았는지, 자신이나 타인의 드러난 측면과 잠재적인 측면 사이의 연관성을 보는 것과 같은 경험을 할 수 있다. 새로운 주관성은 주체(나I)로서의 자신과 대상(나me)으로서의 자신 사이의 복잡한 관계를 포함한다. 사람은 자신이 누구인지에 대한 간가가 실제로 생각하고, 느끼고, 행동하는 방식 사이의 끊임없이 변화하는 관계(종종 단절)를 경험한다. 이러한 경험은 전언어적인 유아나 아동에게는 일어날 수 없다. 엄마는 주어와 목적어, 즉 나I와 내me가 아직 명확하게 구분되지 않은 유아의 정신 상태에 적응하기 위해 주어와 목적어를 구분하지 않는 언어로 유아에게 말한다. 엄마는 자신을 삼인칭으로 지칭함으로써 마치 자신이 (주어가 아닌) 대상인 것처럼 말한다: "엄마는 행복해." 또는 "엄마는 간다."

말의 상징적 언어가 발달하기 전에 유아는 개를 지각할 수 있지만, 아직 개라는 개념은 존재하지 않는다. 개라는 개념은 개라는 개념뿐만 아니라 개를 생각하는 자신에 대한 개념도 포함한다. 개라는 개념을 만들어 내려면 지각된 개와 개라는 일반적인 범주 사이를 중재하는 주체가 있어야 한다. 전언어적 시기에는 집에서 키우는 개가 집에서 키우는 개일 뿐, 동물, 살아있는 것, 죽은 것 등의 개념의 하위 집합이 아니다. 전언어적인 유아에게 엄마가 우는 것을 보는 것은, 유아가 경험할 수 있는 감정의 범위 내에서만 경험될 수 있다. 엄마가 우는 경험에 대해 생각할 수 없으며, 오직 반응할 수만 있다.

언어적 상징 사고에서는 연민, 슬픔, 절망, 죄책감, 우울, 그리고 애절한 상실의 감정을 경험할 수 있다. 유아는 본능적인 수준에서 경험에 반응할 수 있지만, 말의 상징적 언어의 미묘한 뉘앙스로 정서적 반응을 만들어 낼 수는 없다. 전언어적인 세계에서 경험의 본질은 좋거나 나쁨,

안전하거나 위험함, 배고픔이나 만족, 행복하거나 슬픔과 같은 차원을 따라 본능적인 흐름을 수반한다.

의미의 창조

개인이 말의 상징적 언어를 습득함에 따라 발생하는 정신적 변화는 브라질의 두 분석가(Rocha Barros, 2000, 2018; Rocha Barros and Rocha Barros, 2018)에 의해 특히 명료하게 다루어졌다. 그들은 언어 철학에 대한 카시러Cassirer(1944)와 랭거Langer(1942)의 연구를 바탕으로 다음과 같이 주장한다.

> [꿈]을 해석하는 행위에서… 우리는 하나의 상징적 토대 – 꿈이나 몽상의 시각적 상징적 경험을 표현하는 언어 – 를 또 다른 상징적 토대, 즉 말의 상징적 해석의 토대로 변환한다… *의미는 꿈과 몽상의 해석을 통해서만 명명되는 것이 아니라, 하나의 상징적 토대에서 다른 상징적 토대로 변환되는 과정에서 창조된다.*
>
> (Rocha Barros, 2018, p. 228, 이탤릭체 추가)

호샤 바호스Rocha Barros는 여기서 개인이 깨어난 후 자신의 꿈을 언어적 상징 형태로 변형하여 이해(해석)하기 시작하는 과정을 언급하고 있다. 언어 능력을 갖춘 개인은 꿈에서 깨어난 후 자신이나 다른 사람과 꿈에 관해 이야기할 수 있다. 정신증 환자에게 꿈은 그 자체일 뿐이다; 그것은 환각과 구별할 수 없다. 비정신증의 환자에게는 꿈을 꾸는 동안의 꿈이 그 자체로 꿈이다. 꿈은 전언어적인 이미지의 경험이다. 하지만 깨어난 후 꿈꾸는 사람이 말의 상징적 사고를 할 수 있게 되면 꿈은 자신의 다양한 측면 간의 상징적 의사소통이 된다.

그롯슈타인Grotstein(1979)과 샌들러Sandler(1976)는 꿈에 대한 무의식적 이해와 그에 따른 정신적 성장이 무의식적 마음의 다양한 측면 간의 소통을 통해 발생한다고 제안했다. 말의 상징적 사고 또는 이와 유사한 것은 그롯슈타인(1979)이 "꿈을 꾸는 [무의식적] 꿈꾸는 사람"과 "꿈을 이해하는 [무의식적] 꿈꾸는 사람"(p.110)이라고 부르는 것과 샌들러(1976)가 무의식적 "꿈 작업"과 "이해 작업"(p.40)이라고 부르는 것 사이의 소통에서 발생한다. 이러한 기여는 개인이 꿈꾸지만 기억할 수 없는 모든 꿈이 정신적 성장에 잠재적으로 기여한다는 측면에서 개인에게 가치가 있다.

자신의 경험(기억하는 꿈 포함)을 언어적으로 상징화하는 능력은 꿈과 관련하여 자신의 경험에 큰 변화를 불러온다. 꿈의 의미가 언어적 상징 형태로 변형될 때 창조될 뿐만 아니라, 꿈과 관련된 자기 경험도 새롭게 창조된다. 이전에는 보는 것이 곧 얻는 것이었던 경험이 이제는 나I-나me 변증법이 확립되는 경험이 된다: 꿈은 이해의 작업을 하는 해석 주체("나I")와의 관계에서 "나me"(이해되어야 할 대상으로서의 꿈)로 분화된다. (말하기 과정에서 구성되는 나I-나me 변증법에 대한 논의는 Hook [2002] 참조)

말의 상징적 언어를 습득하는 경험에 대해 말할 때, 한편으로는 *창조되는 의미*와 다른 한편으로는 *의미를 창조하는 경험*을 구별하는 것이 중요하다. 경험의 이 두 가지 측면은 분리될 수 없다. *창조되는 의미*는 내가 정신분석의 인식론적 차원이라고 부르는 것에서 중요한 가치를 지닌다. 이 차원은 자신과 자신이 사는 세상을 이해하는 것과 관련이 있다. 이와는 대조적으로, *의미를 창조하는 경험*은 내가 분석 과정의 존재론적 차원이라고 부르는 것의 한 측면이며, 이 차원은 자신이 존재하고 더욱 충만한 자신이 되는 것과 관련이 있다(Ogden, 2019, 2021, 2024). 분석가가 꿈에 대한 해석을 제시할 때, 환자는 자신이 단절되고 생명력이 없다고 느꼈던 자신의 한 측면을 *이해하는* 데 있어 그 경험이 가치 있다고 생각할 수 있다. 다른 환자에게는 동일한 해석이 자기 이해의 향상이 아니라 *자신이 누구인지 인정받고 이해받는 경험*으로서 중요할 수 있다. 창조되는 *의미*는 언어로 상징화되지만, *의미를 창조하는 경험*은 주로 전언어적이다. 창조되는 *의미*와 *의미를 창조하는 경험*이라는 두 가지는 분석적 경험의 치료적 가치에서 분리할 수 없는 측면들이다.

분석적 상황에서, 나는 분석적 제삼자(1994)를 환자와 분석가가 공동-창조하는 무의식적인 제삼의 주관성으로 생각한다. 이 주관성은 꿈과 마찬가지로 주로 전언어적인 의미 창조의 형태이며, 언어적 상징화 과정에서 창조된 의미를 활용하는 데 초점을 맞춘 과정과는 대조된다.

분석적 제삼자의 병리학적 형태("정복하는 제삼자"[Ogden, 1996, p. 1123]) 또한 의미 창조의 경험이지만, 이러한 경험은 창조되는 의미가 의미의 파괴라는 차원에서 자기 파괴적이다. 예를 들어, 도착적 상호주관성의 경우, 주체와 대상은 완전히 공허하게 느껴지는 방식으로 성적 흥분을 경험함으로써 심리적 죽음의 경험을 파괴하는 데 관여한다(Ogden, 1996).

그 경이로움에 대해

내 생각에 말의 상징적 언어의 성취와 함께 일어나는 변형을 헬렌 켈러 Helen Keller(1903)보다 더 잘 설명한 사람은 없다.

> 어느 날, 제가 새 인형을 가지고 놀고 있을 때 설리번 선생님은 제 커다란 헝겊 인형을 무릎에 올려놓고 "d-o-l-l"이라고 쓰시며 "d-o-l-l"이 두 가지 모두에 적용된다는 것을 이해시키려 하셨습니다. [설리번 선생님은 손가락으로 7살 헬렌의 손바닥에 d-o-l-l 글자 모양을 그렸습니다.] 그날 오전에 이미 우리는 "m-u-g"와 "w-a-t-e-r"이라는 단어를 놓고 실랑이를 벌였습니다. 설리번 선생님은 "m-u-g"는 머그잔이고 "w-a-t-e-r"은 물이라는 것을 제게 강조하려고 했지만, 저는 고집스럽게 두 단어를 혼동했습니다. 절망에

빠진 선생님은 잠시 그 주제를 접어두셨다가, 기회가 되자마자 다시 이야기하셨습니다. 저는 선생님의 거듭된 시도에, 참을성을 잃고 새 인형을 낚아채 바닥에 내동댕이쳤습니다. 부서진 인형 조각들이 발치에 닿았을 때, 저는 엄청난 기쁨을 느꼈습니다. 격정적인 감정이 폭발했지만 슬픔이나 후회는 뒤따르지 않았습니다. 저는 그 인형을 사랑하지 않았습니다. 제가 사는 고요하고 어두운 세상에는 강한 애정이나 다정함은 없었습니다. (pp. 11-12)

헬렌 켈러는 여기서 인형을 내던진 것이 선생님인 앤 설리번이 가르치려는 내용을 이해하지 못하는 좌절감의 표시라고 설명한다. 그녀는 다양한 감정, 특히 비애, 후회, 사랑, 애정 같은 감정을 느낄 수 없었다. 헬렌 켈러는 주로 전언어적인 기호 세계에 갇혀 있었는데, 그 기호는 기의와 직접적인 관계를 맺고 있었다. 그녀가 인형(기호)을 바닥에 던진 것은 기의(그녀의 분노와 좌절감)와 직접적인 상응 관계를 맺고 있었다.

선생님(지금까지 헬렌이 이름을 알지 못했던)이 부서진 인형 조각을 쓸어 모았을 때,

저는 불편함의 근원이 사라진 것에 만족감을 느꼈습니다. 선생님이 제게 모자를 가져다주셨고, 저는 우리가 따뜻한 햇살 속으로 나갈 것이라는 것을 알았습니다. 말할 수 없는 감각을 생각이라고 부를 수 있다면, 이 생각은 저를 기쁨으로 깡충깡충 뛰게 했습니다. (p. 12)

헬렌 켈러는 여기서 생각을 갖는 것과 "말할 수 없는 감각"을 갖는 것을 구분한다.

켈러는 물이라는 단어와 물 자체 사이의 연관성을 인식하고 말의 상징적 언어 능력을 습득하면서 경험한 변화를 다음과 같이 설명한다:

나는 배우고 싶은 마음으로 우물가-집을 나섰습니다. 모든 것에는 이름이

있었고, 각각의 이름은 새로운 생각을 낳았습니다. 집으로 돌아왔을 때, 내가 만지는 모든 물건은 생명으로 떨리는 것 같았습니다. 그것은 내가 모든 것을 낯설고 새로운 시각으로 보았기 때문입니다. 문에 들어서자, 나는 부순 인형을 떠올렸습니다. 나는 벽난로까지 더듬거리며 가서 조각들을 주워 모았습니다. 나는 조각들을 다시 맞추려고 애썼지만 소용없었습니다. 그러자 내 눈에 눈물이 고였습니다. 내가 무슨 짓을 했는지 깨달았고, 처음으로 후회와 비애를 느꼈습니다.(p. 12)

헬렌 켈러는 그날 이후의 사건들을 설명한다.

> 그날 나는 아주 많은 새로운 단어들을 배웠습니다. 그것들이 무엇이었는지는 기억나지 않지만, 엄마, 아빠, 언니, 선생님이 그 단어 중 하나였다는 것은 압니다. 그것들은 나에게 세상을 꽃피울 단어들이었습니다. (p. 12)

말의 상징적 언어를 습득하면서 새로운 경험 방식, 새로운 존재 방식, 그리고 새로운 삶의 방식이 발전했다. 헬렌은 이전에는 느낄 수 없었던 정서들, 즉 후회와 비애와 사랑을 경험할 수 있게 되었다. 이러한 감정들이 잠재되어 있어서 발굴되기를 기다리고 있었던 것은 아니다. 절대 그렇지 않다. 이러한 감정들은 헬렌 켈러가 언어적 상징으로 경험하는 세계에 들어섰을 때 처음으로 창조되었다. "모든 것에는 이름이 있었고, 각각의 이름은 새로운 생각을 낳았습니다... 내가 만지는 모든 물건은 생명으로 떨리는 것 같았습니다." 이름은 단순히 감정과 사물을 *지칭*하는 것이 아니라, 감정과 사람, 사물에 관한 *생각*이다. 언어는 질적으로 다른 경험의 영역을 만들어 낸다. 이 영역에서 우리는 주체이자 대상이며, 자신이 생각하는 것을 생각할 수 있고, 이전에는 도달할 수 없었던 의미의 차원, 정서의 범위, 감정의 복잡성, 그리고 경험의 형태들을 생생하게 느낄 수 있다.

맺음말

전언어적인 언어는 기호와 기의signified 사이의 직접적인 관계를 포함하며 초기 발달 단계에서 이분법적 대립에 기반을 둔다. 이는 엄마와 유아("아기 말"), 분석가와 환자 사이의 "무한한 시적 표현"을 통한 강력한 의사소통의 형태가 될 수 있다. 엄마와 유아의 관계와 분석적 관계에서 많은 부분은 이러한 상징적 형태로만 전달될 수 있다.

말의 상징적 언어를 습득함으로써 우리는 단순히 자신의 경험에 대해 더 많은 것을 이해하는 것이 아니라, 새로운 경험의 형태를 창조하고, 다르게 경험하며, 결과적으로 다른 방식으로 존재하게 된다. '나I-나me' 변증법이 생겨나면서 자기-성찰이 가능해진다. 우리는 전체이며 분리된 사람으로 경험되는 타자와 관련하여 훨씬 더 광범위하고 깊은 감정을 경험할 수 있게 된다. 자신 그리고 타인과 말로 소통하는 기쁨이 있으며, 이는 "생명으로 떨리는" 세상을 열어준다.

참고문헌

Basch, M. F. (1976). The concept of affect: A re-examination. *Int. J. Psychoanal.* 24: 759–777.

Cassirer, E. (1944). *An Essay on Man: An Introduction to a Philosophy of Human Culture.* New Haven, CT: Yale University Press.

Freud, S. (1900). The Interpretation of Dreams. *S.E. 4/5.* London: Hogarth Press, 1955.

Freud, S. (1915). The unconscious. *S.E. 14.* London: Hogarth Press, 1955.

Grotstein, J. (1979). Who is the dreamer who dreams the dream and who is the dreamer who understands it—A psychoanalytic inquiry into the ultimate nature of being. *Contemp. Psychoanal.* 15: 110–169.92 What Alive Means

Hook, D. (2002). The other side of language: The body and the limits of signification. *Psychoanal. Rev.* 86: 681–713.

Keller, H. (1903). *The Story of My Life.* Mineola, NY: Dover Publications, 1996.

Langer, S. K. (1942). *Philosophy in a New Key: A Study in the Symbolism of Reason, Rite and Art.* Cambridge, MA: Harvard University Press.

Litowitz, B. (2011). From dyad to dialogue: Language and the early relationship in American psychoanalytic theory. *J. Am. Psychoanal. Assn.* 59: 483–507.

Ogden, T.H. (1994). The analytic third: Working with intersubjective clinical facts. *Int. J. Psychoanal.* 75: 3–20.

Ogden, T. H. (1996). The perverse subject of analysis. *J. Amer. Psychoanal. Assn.* 77: 883–889.

Ogden, T. H. (2019). Ontological psychoanalysis, or what do you want to be when you grow up? *Psychoanal. Q.* 88: 13–21.

Ogden, T. H. (2020). Toward a revised form of analytic theory and practice: The evolution of analytic theory of mind. *Psychoanal. Q.* 89: 219–243.

Ogden, T. H. (2024). Ontological psychoanalysis in clinical practice. *Psychoanal. Q.* 93: 13–31.

Ricoeur, P. (1995). *Oneself as Another.* Chicago, IL: University of Chicago Press.

Rocha Barros, E. M. (2000). Affect and pictographic image: The constitution of meaning. *Int. J. Psychoanal.* 81: 1087–1089.

Rocha Barros, E. M. (2018). Symbol formation and transformation in theory and in practice. *Canadian J. Psychoanal.* 26: 222–237.

Rocha Barros, E. M. & Rocha Barros, E. L. (2018). Klein yesterday, today and tomorrow: Reflections on her 1936 lecture on technique. *Int. J. Psychoanal.* 99: 968–978.

Sandler, J. (1976). Dreams, unconscious fantasies, and "identity of perception." *Int. Rev. Psychoanal.* 3: 33–42.

Segal, H. (1957). Notes on symbol formation. *Int. J. Psychoanal.* 38: 391–387.

Vivona, J. (2012). Is there a nonverbal period of development? *J. Amer. Psychoanal. Assn.* 60: 231–265.

Winnicott, (1949). Mind and its relation to psyche-soma. In *Through Paediatrics to Psycho-Analysis.* New York: Basic Books, 1958, pp. 229–244.

Winnicott, D. W. (1968). Communication between infant and mother, mother and infant compared. In *What Is Psychoanalysis?* ed. W. Joffe. London: Balliere, Tindall, and Cassell, pp. 89–103.

Winnicott, D. W. (1969). The use of an object and relating through identifications. In *Playing and Reality*. New York: Basic Books, 1971, pp. 86–94.

8   개인적인 삶을 발견하기
: 위니캇의 "홀로 있을 수 있는 능력"에 대하여

위니캇의 정신분석에 대한 가장 중요한 공헌 중 상당수 — 예를 들어, 중간 대상과 현상의 개념, 놀이의 경험, 모든 종류의 창조적 경험, 실재의 느낌, 살아 있다는 것의 의미, 의사소통되지 않는 핵심 자기, 홀로 있을 수 있는 능력, 잠재적 공간, 대상의 사용, 그리고 내적 세계와 외부 세계의 영역 밖에 있는 제 삼의 경험의 영역 — 는 모두 역설적 사고를 수반한다. 이러한 사고방식은 아마도 위니캇의 정신분석에 대한 가장 중요한 공헌일 것이다.

위니캇의 1958년 논문 "홀로 있을 수 있는 능력"은 그의 역설적 사고 발전에 중요한 위치를 차지한다.[1] 이 논문에는 위니캇이 출판된 저작에서 역설이라는 용어가 처음으로 등장한다. 위니캇이 역설적 사고를 처음 사용한 "중간 대상과 중간 현상"(1953)에서도 그는 역설이라는 용어를 사용하지 않았다. 위니캇은 18년 후 출판한 "중간 대상" 논문의 확장판(Winnicott, 1971a)에서만 중간 대상과 현상에 대한 논의에 역설이라는 용어를 추가했다.

---

1   "홀로 있을 수 있는 능력"에 대한 이 논의는 제가 중요한 분석적 기여에 대한 "창의적인 독해"를 제공하는 일련의 에세이 중 열다섯 번째이다. 나는 이전에 프로이트, 위니캇, 아이작스, 페어베언, 비온, 뢰발트, 그리고 설스의 저작들에 대해 논의했다 (Ogden, 2001, 2002, 2004, 2006, 2007a, 2007b, 2010, 2011, 2014, 2015, 2016, 2018, 2021, 2023).

"홀로 있을 수 있는 능력"은 역설적 사고에 관한 연구이다. 내 생각에, 이 논문을 이해하려면 거의 모든 문장을 읽으면서 역설적으로 생각해야 한다. 이 때문에 이 논문은 매우 어려운 논문이다.

위니캇은 논문을 이렇게 시작한다. "나는 한 사람이 홀로 있을 수 있는 능력을 갖추는 것이 정서발달에서 성숙의 가장 중요한 신호 중의 하나라고 믿는다. 이 홀로 있을 수 있는 능력은 검토해 볼 만한 가치가 있는 주제이다."(1958, p. 29). 위니캇은 정신분석 문헌에 "홀로 있는 것에 대한 공포나 홀로 있고자 하는 소망에 대해" 홀로 있을 수 있는 능력보다 훨씬 더 많은 글이 있다고 덧붙인다(p. 29, 원문의 이탤릭체). 그는 "홀로 있을 수 있는 능력의 긍정적인 측면에 대한 논의를 진작에 했어야 한다"고 결론짓는다(p. 29, 원문의 이탤릭체).

세 몸 관계와 두 몸 관계

위니캇은 세 몸 관계와 두 몸 관계와 관련하여 홀로 있을 수 있는 능력을 찾으려 한다. 오이디푸스 콤플렉스는 세 몸 관계가 지배하는 단계이다. 클라인의 우울적 자리 개념은 서로 분화된 엄마와 유아 간의 두 몸 관계를 잘 보여준다. 위니캇은 자기애를 한 몸 관계의 하나의 예로 생각하는 것이 자연스러울 것이라고 말하지만, "나는 두 몸 관계에서부터 한 몸 관계로의 이런 도약은 사실상 우리가 분석 작업을 통해서, 그리고 엄마들과 유아들의 직접적인 관찰을 통해서 알고 있는 많은 것들과 상충된다고 제안한다"(p. 30). 내 생각에 위니캇이 한 몸 관계를 일축하는 것은 유아가 결코 홀로가 아니라는 것을 주장하는 그의 방식이며, 이러한 생각은 홀로 있을 수 있는 능력에 대한 그의 역설적인 개념으로 가는 길을 열어준다.

역설

위니캇은 두 문장으로 자신이 이 논문의 핵심 아이디어라고 믿는 바를 다음과 같이 진술한다:

> 이 논문의 요점은 다음과 같이 진술될 수 있을 것이다. 홀로 있을 수 있는 능력을 형성하려면, 그중에서도 가장 기본적인 것이 있다. 그것이 충분하지 않으면 홀로 있을 수 있는 능력은 생기지 않는다. 이 경험은 *유아 또는 어린 아동이 엄마와 함께 있으면서 홀로 있는* 경험이다. 따라서 홀로 있을 수 있는 능력의 기초는 하나의 역설이다. 그것은 누군가가 곁에 있을 때 홀로 있는 경험이기 때문이다. (p. 30, 원문의 이탤릭체)

홀로 있을 수 있는 능력은 역설적이다; 개인은 홀로이며 그리고 다른 사람이 곁에 있다. 이 역설은 예를 들어 엄마가 내적 대상으로 존재하기 때문에 유아는 홀로이지만 홀로가 아니라고 말하는 것으로 해결될 수 없다. 이런 식으로 역설을 해결하는 것은 위니캇 논문의 요점을 놓치는 것이다. 역설의 관점에서 보면, 유아는 홀로이며 *그리고* 유아는 엄마와 함께 있다. 둘 다 사실이며, 어느 쪽도 다른 쪽의 진실성을 대체하지 않는다. 이 역설을 염두에 두면서도 그것을 무심코 해결하지 않는 것은 나에게 매우 어려운 일이다. 위니캇은 『놀이와 현실』(1971b) 서문에서 독자에게 다음과 같은 요청을 한다.

> 나의 공헌은 이 역설이 수용되고 관용되고 존중될 것을 요청하는 데 있다. 그것은 해소될 수 있는 것이 아니기 때문이다. 전체성으로부터 떨어져 나간 정신 일부의 지적 기능으로 도피함으로써 이 역설을 해소할 수도 있겠으나, 그 대가는 역설 자체의 상실이다. (p. xii)

위니캇은 홀로 있을 수 있는 능력과 관련된 역설에 대한 자신의 개념을 다음과 같이 상술한다:

> 여기에서 말하는 것은 혼자 있는 아동이 신뢰할 만한 엄마 또는 대리모와의 관계에서 경험하는 특별한 관계 유형에 관한 것이다. 물론 이 대리모는 잠시 동안 아기 침대나 유모차 또는 환경 분위기에 의해 대치될 수도 있다. (p. 30)

이 역설의 진술에는 홀로 있는 유아와 현존하는 엄마(또는 외부 대상으로서의 표상 형태로 존재하는 엄마) 사이에 *관계*가 있다. 엄마는 "신뢰할 만한 현존"을 하지만, 동시에 부재한다.

엄마(현존하는)가 내적 대상관계의 일부가 아니라, 외부 세계의 일부(유모차나 환경 전반의 형태)에 존재하거나 상징적으로 존재한다는 사실을 기억하는 것이 왜 중요할까? 내 생각에 이러한 구분은 매우 중요하다. 왜냐하면 홀로 있을 수 있는 능력은 자신이나 자신의 내적 대상 세계와의 관계가 아니라 외부 대상 세계와의 관계를 수반하기 때문이다. 유아가 홀로 있을 때 현존하는 엄마는 완전히 차별화된 외부 대상이다.

이 역설은 동시에 창조되고 발견되는 중간 대상 및 현상과의 관계에 내재된 역설과 밀접한 관련이 있다. 어린 여아가 가지고 노는 인형은 (역설적으로) 실제 아기이자 가상의 아기이다. 인형이 진짜인지 가상의 아기인지 묻는 것은 놀이 경험을 방해하는 것이다. 현실과 허구는 놀이(그리고 다른 모든 창조적 활동) 경험의 근저에 있는 역설의 공존하는 요소이다.

자아-관계성

위니캇은 이제 이렇게 말한다. "개인적으로 나는 '자아-관계성'이라는 용어를 [홀로 있을 수 있는 능력과 관련하여] 즐겨 사용한다. 그것은 자아의 삶에 복잡한 문제를 일으키는 이드-관계성이란 용어와 아주 분명하게 대조를 이룬다는 이점을 갖는다."(pp. 30~31)

위니캇이 자기 생각을 표현하기 위해 프로이트의 구조적 모델의 용어인 '이드, 자아, 초자아'를 채택할 때 나는 항상 놀라움을 금치 못한다. 위니캇 자신의 사고는 신체적 충동(이드), 도덕적 판단 및 이상화(초자아), 그리고 상충하는 내적 요구와 외적 현실(자아)을 균형 있게 통합하려는 노력으로 구성된 '위원회'라는 구조적 모델의 은유에 새로운 차원을 더한다. 위니캇은 정신분석적 탐구의 초점을 이드, 자아, 초자아, 그리고 외부 현실의 상호작용에 관한 연구에서 벗어나, 인간이 온전하고, 살아 있고, 실재하며, 상상력이 풍부하고, 개인적인 느낌을 가지고 존재하게 되는 방식에 대한 탐구로 전환한다. 이렇게 존재하게 되는 방식들은 구조적 모델의 용어로는 표현할 수 없다. 위니캇은 끊임없이 펼쳐지는 존재의 경험에 초점을 맞추는데, 이는 근본적으로 주관성과 객관성의 역설적인 상호작용에 대한 경험이다.

위니캇은 또한 마음이 의식, 전의식, 무의식의 구성 요소를 가지고 있다고 보는 프로이트의 지형학적 모델의 언어를 보완하는 새로운 정신분석 언어를 창조한다. (구조적 모델은 지형학적 모델의 용어를 전제로 한다) 위니캇은 마음의 지형학적 모델을 거부하지 않는다. 그는 그 모델의 기저에 있는 선형적이고 순차적이며 인과관계적인 사고에 역설적인 개념을 더한다. 위니캇이 생각하는 의미에서 홀로 있는 것이 의식적인 현상인지 무의식적인 현상인지 묻는 것은 의미가 없다. 그것은 다른 개념적 차원의 문제이다.

위니캇의 기여에 대한 이러한 측면을 염두에 두면, 그가 이 논문에서 "자아-관계성"과 "이드-관계성"이라는 용어를 사용하는 이유가 궁

금할 수 있다. 나는 이 질문에 대한 답은 없지만, 위니캇이 "프로이트 학파가 아니다", "진짜" 정신분석가가 아니라는 비난을 받지 않는 것이 중요했을 것으로 생각한다. 멜라니 클라인은 프로이트 학파가 아니라 "클라인 학파"(안나 프로이트가 논쟁적인 토론에서 만들어졌다고 전해지는 용어)라는 비난받았다. 클라인은 프로이트의 용어인 죽음 욕동을 완전히 다른 개념인 지신의 죽음 욕동을 지칭히는 데 사용함으로써 "프로이트 학파"로서의 자격을 유지하려 했던 것 같다. 위니캇도 (자신이 인지하든 그렇지 않든) 자기와 욕망이라는 자신의 언어 대신 자아와 이드라는 용어를 사용함으로써 비슷한 일을 하고 있을지도 모른다. 하지만 이는 단지 내 추측일 뿐이다.

위니캇의 "자아-관계성"에 대한 논의를 읽을 때, 독자는 위니캇을 읽을 뿐만 아니라 위니캇을 써야 한다. 그는 "자아-관계성은 두 사람 사이의 관계를 말하며 적어도 그들 중 한 사람은 홀로 있다. 아니 아마도 둘 다 홀로 있을 것이다. 그러나 각각의 현존은 서로에게 중요하다"(p. 31) 라고 말한다. 자아-관계성에서 한 사람 또는 두 사람 모두 홀로이다. 즉, 한 사람이 다른 사람과 함께 있는 동안 홀로 있는 (역설적인) 정신적 상태에서 살 수 있다. 그 상태에서 한 사람은 자신에게 그리고 다른 사람과의 관계에 대해 살아있으며 실재한다. 이러한 상황에서 위니캇은 "좋아한다"라는 단어가 자아-관계성을 더 잘 나타내며 "사랑은 더 원초적이든 승화된 형태이든 이드-관계성의 문제이다"(p. 31) 라고 말한다. 암묵적으로 사랑의 감정이 우정보다 성적 욕망을 더 포함하지만, 우정은 고유한 형태의 친밀함을 수반한다.

위니캇은 "자아"와 "이드"라는 용어 사용에 대한 단서를 제공한다. "홀로 있을 수 있는 능력을 흔히 쓰이는 정신분석 용어로 어떻게 지칭할 것인지에 대해 상기시키고 싶다"(p. 31). "흔히 쓰이는"이라는 용어는 그가 곧 논의할 프로이트와 클라인의 공헌이 홀로 있을 수 있는 능력과 관련된 현상을 다루기에 진부하고 부족하다고 생각한다는 것을 암시한다.

위니캇은 프로이트가 홀로 있는 것을 "만족스러운 성교 후"(p.31) "역시 홀로 있는 다른 사람"(p. 31)과 홀로 있는 시간과 유사한 것으로 본다고 말한다. 그러한 고독은 "우리가 '철수된 상태'라고 부르는 특성으로부터 비교적 자유롭다"(p. 31). 프로이트는 또한 유아의 홀로 있을 수 있는 능력을 자위행위의 형태로 원색 장면을 아이가 수용한 결과로 생각한다.

> 자위행위 과정에서 의식적이고 무의식적인 환상에 대한 전체적인 책임은 개개의 아동에 의해 수용된다. 이때 그 아동은 세 몸 관계나 삼각관계에서 세 번째 사람이다. 이런 상황에서 홀로 있을 수 있는 것은 성애적 발달의 성숙을 의미하며…. 양가감정을 감당할 수 있다는 것을 의미한다. (p. 31)

프로이트의 사고방식은 매우 선형적이며, 위니캇의 홀로 있을 수 있는 능력 개념과는 거의 관련이 없다는 것은 분명하다. 위니캇은 클라인의 홀로 있을 수 있는 능력 이론을 제시하는데,

> 개인의 심리적 실재 안에 좋은 대상이 존재하는 것에 달려있다. 그것은 좋은 내적 젖가슴이나 좋은 페니스 또는 좋은 내적 관계들이 충분히 잘 확립되어 있으므로, 개인이 현재와 미래를 확실할 수 있나는 것을 의미한다. 개인의 내적 대상과의 관계는 충분한 삶의 에너지를 제공하기 때문에, 그는 적어도 일시적으로 외적 대상들과 그들로부터 오는 자극이 없더라도 만족스럽게 편히 존재할 수 있다. (p. 32)

따라서 위니캇의 관점에서 클라인은 홀로 있을 수 있는 능력에 대한 대

상관계 이론을 제시한다. 클라인의 관점에서 엄마와의 내적 대상관계 형성은 유아 또는 아동이 "현재와 미래를 확실할" 수 있음을 느끼면서, 즉 안전함을 느끼면서 홀로 있을 수 있게 한다. 앞서 언급했듯이, 엄마의 현존(홀로 있는 경험 속에서)을 내적 대상관계의 형태로 이해하는 것은 위니캇이 제시하는 역설을 무너뜨린다.

위니캇은 프로이트와 클라인의 생각들을 다루면서도, 프로이트와 클라인의 생각을 자신의 언어로 대체함으로써 그들의 생각하는 힘을 증폭시키는 것을 참을 수 없는 듯하다. 예를 들어, 클라인을 논의하면서 위니캇은 클라인이 절대로 사용하지 않았던 "충분한 삶"(p. 32)이라는 용어를 사용하여 클라인이 상상하는 내적 세계를 묘사한다.

미성숙한 상태에서 홀로 있음

위니캇은 홀로 있을 수 있는 능력이 개인의 성숙함과 세련됨을 나타내는 지표이지만, 이러한 능력은 미성숙한 유아기 경험에 뿌리를 두고 있다고 주장한다.

> 누군가와 곁에 있으면서 홀로 있는 경험은 유아의 *미성숙한 자아가 엄마에게서 제공된 자아-지원에 의해 자연스럽게 균형을 이룰 때*인 아주 초기 단계에 발생한다. (p. 32, 원문의 이탤릭체)

다음 문장은 복잡성을 더한다. "시간이 흐르면서 그 개인은 자아-지원적인 엄마를 내사하고 그럼으로써 엄마 또는 엄마의 상징물과 관계없이 홀로 있을 수 있게 된다"(p. 32). 처음에는 *내사*라는 용어 때문에 혼란스러웠는데, 내사된 엄마라는 개념이 홀로 있을 수 있는 능력의 근저에 있는 역설을 무너뜨리기 때문이다. 위니캇이 '내사'라는 용어를 사용할 때

개인적 삶을 발견하기   155

언급하는 것은 아마도 성숙한 정신 상태의 달성일 것이다. 이 상태에서 개인은 엄마가 한때 제공했던 지지적 *기능*을 제공하는 자기의 한 측면을 발달시키면서도, 엄마가 내적 대상 표상이 되지 않는 것을 의미한다. 유아는 엄마가 그 역할을 하지 않고도 엄마를 외부 대상으로 인식할 수 있게 된다. 이렇게 하여 개인은 스스로 홀로 있으면서도 외부의 누군가와 함께 있는 역설적인 정신 상태를 만들어 내는 정신 작업을 할 수 있게 된다.

여기서 위니캇이 "정신증과 아동 돌봄"(1952)에서 그린 도표가 생각난다. 바깥 원이 엄마를 나타내고, 그 원 안에 또 다른 원이 유아를 나타낸다. 유아는 물고기에게 물이 중요한 것처럼 눈에 띄지 않게 존재하는 엄마의 환경 속에서 건강한 고립 상태에 놓여 있다. 엄마(바깥쪽 원)는 존재하지만, 유아가 호기심이나 필요에 의해 엄마에게 관심을 두지 않는 한 유아에게는 보이지 않는다. 관심을 갖게 되면 유아는 엄마를 찾는다(안쪽 원을 바깥쪽 원 쪽으로 구부린다). 유아가 엄마를 외부의 대상으로 볼 준비가 되기 전에 엄마가 유아를 찾는다면(안쪽 원을 만지기 위해 안쪽으로 구부린다면), 엄마의 행동은 유아에게 침범이 되어 방어적인 순응을 요구한다. 마찬가지로 홀로 있는 경험에서도 엄마가 원치 않거나 불필요한 방식으로 자신의 존재를 드러내면, 홀로 있는 역설적인 경험은 무너진다.

나는 홀로 있다

위니캇은 "나는 홀로 있다"라는 문장을 가지고 논다. 그는 "나"라는 단어가 "개인이 하나의 단위로 형성되었다"라는 생각을 전달한다고 말한다(p. 33). "나는 ~이다"라는 단어는 "개인은 형태뿐만 아니라 자신의 삶을 갖게 된다"라는 생각을 전달한다(p. 33). 그리고 "나는 홀로 있다"라는 단어들은 유아가 하나의 단위체이고 삶을 가지고 있다는 것 외에도 "유아는 엄마의 지속적인 존재에 대한 인식appreciation이 있다"라는 것을 암시한다(p. 33). 유아는 자신이 홀로라는 사실에도 불구하고 엄마의 지속적인 존재를 "인식한다". 나는 '인식'이라는 단어가 유아가 홀로 있을 때 외부 대상인 엄마를 경험하는 위니캇의 느낌을 전달하는 데 아주 적합한 단어라고 생각한다.

전이의 모체matrix로서의 자아-관계성

이 시점에서 위니캇은 자아-관계성 개념을 더욱 발전시킨다.

> 만일 이러한 나의 역설[홀로 있을 수 있는 능력과 연관된]에 대한 생각이 옳은 것이라면, 유아와 엄마 관계의 본질을 조사하는 것은 흥미로운 일일 것이다. 이 논문의 목적을 위해 나는 그것을 자아-관계성이라 부른다. (p. 33)

위니캇은 자아-관계성이 "유아와 엄마의 관계"(p. 33)의 특정 측면을 지칭하기 위해 사용하는 용어라고 말한다. "내가 이 자아-관계성에 중요한 의미를 부여한 이유는 바로 그것으로부터 우정이 발달한다고 생각하기 때문이며, 또한 *그것이 전이의 모체*가 될 수도 있다."(p. 33, 원문의 이탤릭체).

나는 부분적으로 우정을 어린 시절의 놀이 경험의 관점에서 생각한다. 손녀들과 함께한 경험에 의하면, 이 아이들은 나를 카펫에 돌돌 말아 (출산을 모방하는 걸까?) 서로 이야기하거나 아기를 돌보는 부모나 선생님 역할 놀이 (엄마, 아버지, 아들, 딸, 학교 선생님)에 관심이 있다. 이는 승화된 성적 감정의 관점에서 생각해 볼 수 있지만, 내가 손녀들과 놀 때 느끼는 감정은 그런 것이 아니며, 이는 위니캇이 생각하는 자아-관계성이 아니다. 자아-관계성은 "이드-관계"(p. 34), 즉 "거칠거나 승화된 형태"(p. 31)의 사랑 관계와 구별되어야 한다. 자아-관계성은 놀이 경험을 지칭하는 용어로, 홀로 또는 다른 사람들과 함께 깊은 감정, 생각, 어려움을 상상력을 통해 정리하는 활동에 참여하는 것을 포함한다. 자아-관계성은 성적 흥분이나 욕망의 경험이 아니라, 홀로 또는 다른 사람과 함께 놀 때 나타나는 관계성의 형태이다.

반대로, "이드-관계성"은 본능에 더 의존하며, 발현되거나 승화된 성적 활력을 지닌 채 다른 사람과 관계를 맺는 것과 관련이 있다. 이러한 관계는 홀로 있을 수 있는 능력과 관련된 역설적인 관계성을 수반하지 않는다. 이드-관계성에서 사람은 실재하고 분리된 사람인 다른 누군가에게 리비도적으로 이끌린다. 위니캇은 자아-관계성 경험을 통해 이드-충동들을 실재적이고 개인적인 것으로, 그리고 자신의 것으로 경험할 수 있다고 덧붙인다. 이 추가 사항은 위니캇이 전개하고 있는 서사에 매우 중요하다. 사랑 관계가 실재적이고 개인적인 느낌을 주는 것은 자아-관계성이라는 토대 위에 세워졌기 때문이다. 이 토대 위에서 엄마가 곁에 있는 홀로 있는 경험을 하고, 그 경험이 성적 욕망과 사랑 관계를 경험하는 방식으로 이어진다.

위니캇이 자아-관계성이 "*전이의 모체*"일 수 있다고 말하는 것이 흥미롭다. 위니캇은 자세하게 설명하지 않고 이 개념을 언급한다. 아마도 그는 분석적 환경에서 환자와 분석가 모두 상대방과 함께 홀로 있다는 의미에서 자아-관계성이 전이의 모체라고 제안하고 있는 것 같다. 그러한 상태에서 환자와 분석가는 다른 누군가(서로)와 함께 있는 동안 홀로 꿈/몽상을 꾸게 된다. 자아-관계성은 "matrix"(라틴어로 "자궁"을 의미), 즉 전이 경험(현재가 과거에, 과거가 현재에 존재하는 상상적 경험)이 생성되는 싹개 또는 틀일 수 있다. 더욱이, 분석적 관계성은 본질적으로 사랑 관계, 즉 성적인 관계가 아니다. 분석적 관계에 성적 흥분과 욕망이 포함될 때, 자아-관계성을 기반으로 한다면 그것은 개인적인 것이다. 그렇지 않으면, 이드-관계는 환자가 통제할 수 없거나, 일반적이거나, 도착적인 것처럼 느껴진다.

논문 후반부에서 위니캇은 자아-관계성과 이드-관계성을 더욱 명확히 구분한다. 그는 아이들의 놀이 경험을 설명하면서 "아동의 놀이가 신체적인 절정 상태에서 느끼는 몸의 흥분으로 인해 방해받을 때, 그 놀이가 행복하지 않다는 것을 기억해야만 할 것이다"(p. 35)라고 말했다. 건강한 아이들의 놀이는 자아-관계성의 한 형태이다. 성애적 흥분으로 인해 아동의 놀이 경험이 방해받는 것은 *아동에게* 무섭고 억제할 수 없는 충동이 *발생하여* 놀이를 방해하는 경우이다.

홀로 있을 수 있는 능력에 대한 위니캇의 역설적인 이해의 배경에는 그가 정신분석적 사고에 기여하는 또 다른 부분이 있다. 프로이트, 페렌지, 클라인, 발린트, 페어베언, 비온 등이 발전시킨 정신분석은 내적 세계와 외부 세계가 존재한다는 가정에 기반한다. 누가 이 생각에 반대할 수 있을까? 내적 세계와 외부 세계 말고는 무엇이 존재하겠는가? 위니캇은 이 생각에 반대한다. 그에게는 제삼의 경험의 영역이 있다. "놀이[그리고 분석적 경험을 포함한 다른 모든 창조적 활동]의 이 제삼의 영역은 내적 정신적 현실이 아니다. 그것은 개인의 외부에 있지만 외부 세계가 아니다"(1971c, p. 51). 이 경험의 영역은 어디에도 위치하지 않는다. 그것은 내적 세계와 외부 세계 "사이"에 있지도 않고, 현실과 환상 "사이"에도 존재하지 않는다.

홀로 있을 수 있는 능력의 관점에서, 제삼의 경험의 영역은 홀로 있는 경험과 다른 사람과 함께 있는 경험 사이의 역설적인 긴장에 의해 생성된다. 이 역설은 개인이 동시에 두 곳에 있는 것과 관련이 있다: 홀로 있는 것과 다른 사람과 함께 있는 것이다. 이것이 우리가 살고 있는 제 삶의 영역으로, 우리가 상상 속에서 살아나고, 감정을 현실적이고 개인적인 것으로 경험하고, 놀이와 다른 모든 창조적인 활동에 참여하는 세상이다.

자아-삶

위니캇은 "이드 충동이 자아-삶에 담겨 있을 때만 의미를 갖는다는 생각에 동의할 것으로 생각한다"(p. 33)라는 아이디어를 다시 언급한다. 이드 충동(예를 들어, 외부 대상에 대한 신체적 성적 욕망)은 자신의 리비도 경험이 살아 있고 현실적이며 자신의 것이라고 느끼는 맥락에서 경험되는 한에서만 개인에게 가치가 있다.

위니캇은 "이드-충동은 약한 자아를 파괴하거나 강한 자아를 강화한다"(p. 33)고 계속 말한다. 이드 충동은 약한 자기-조직을 붕괴시키는 동시에 강한 자기-조직을 강화한다. 후자의 경우, 개인은 자신의 욕망이 개인적이고 현실적으로 느껴지는 자기감을 확립하게 되고, 이를 통해 성적 욕망을 자신이 누구인지, 그리고 앞으로 어떤 사람이 될 것인지를 풍요롭게 하는 요소로 경험할 수 있다. 따라서

> *이드 관계는 자아-관계성의 틀에서 발생할 때 그것은 자아를 강화시킨다. 이 견해가 받아들여진다면, 그다음에는 홀로 있을 수 있는 능력을 이해하는 것이 훨씬 수월해진다. 홀로 있을 때만(누군가 곁에 있으면서), 유아는 자신의 개인적 삶을 발견할 수 있다.* (p. 34, 원문의 이탤릭체)

자신의 "개인적인 삶"을 발견하는 것은 환자가 홀로 있는(자신의 생각, 감정, 꿈, 감각과 함께) 그리고 분석가(회기를 종료하는 환자 외부의 사람)와 함께 있는 분석적 세팅에서 일어난다. 분석적 환경의 구조, 즉 환자가 카우치

에 누워 있고 분석가는 카우치 뒤에 보이지 않는 곳에 있는 구조는, 다른 사람이 곁에 있으면서 홀로 있는 역설적인 상태를 만들어 낸다.

쉼Relaxing

유아는 홀로 있을 때(엄마와 함께 있을 때) 성인의 용어로 "쉼"이라는 상태에 참여할 수 있다(p. 34). 이 상태의 유아는,

> 통합되지 않은 채로 있을 수 있으며, 빈둥댈 수 있고, 아무런 방향 인식도 없는 상태로 편히 있을 수 있다. 또한 외적인 침범에 대해 반응할 필요도 없고 흥미나 운동 지향적인 활동과 상관없이 잠시 동안 그냥 존재할 수 있다.(p. 34)

다시 한번 위니캇의 1952년 도표가 생각난다. 이 도표에서 아기는 엄마를 나타내는 바깥쪽 원 안에 있는 원으로 표현된다. 이러한 고립(쉼) 상태에서 유아는 외부 자극과 내부 자극에 반응할 필요가 없다. 즉, 방향 감각이 없고, 동기 부여가 없으며, 통합되지 않을 자유가 있다. 오직 그러한 상황에서만 유아는 "자신의 개인적인 삶"(p. 34)을 창조할 수 있고 이드 경험할 준비가 된다. "시간이 흐르면서 그는 감각이나 충동에 도달한다. 이런 상황에서 감각이나 충동은 그에게 실제적인 것으로 느껴지며 그것은 진정으로 개인적인 경험이 될 것이다."(p. 34)

여기서 다시 위니캇은 "자신의 개인적인 삶"과 "실제적인 것을 느껴지고" "진정으로 개인적인 경험"인 충동과 같은 용어와 아이디어를 사용하는데, 이는 프로이트와 클라인이 관심을 가졌던 감정의 목록에 속하지 않는다.

기다리는 대상

위니캇은 이제 다른 관점에서 홀로 있을 수 있는 능력에서 대상의 역할에 대해 말한다:

> 사용할 수 있는 누군가(요구하지 않으면서 존재하는)가 있다는 것이 왜 중요한지 이제 알 수 있을 것이다. 홀로 있는 상태에서 충동이 생길 때, 그 이드 경험은 결실을 맺을 수 있게 되며, 그때 대상은 거기에 있는 사람, 즉 엄마의 부분이나 전체가 될 수 있다. (p. 34)

유아가 홀로 있는 경험에서 엄마의 역할 중 하나는 유아가 엄마와의 관계에서 자신의 이드 경험(욕망)을 경험할 준비가 될 때까지 비침습적으로 존재하는 것이다. 유아가 자신의 욕망을 자신의 것으로(자아-관계성) 경험할 수 있게 되면, 질적으로 새로운 경험의 영역이 열린다. 곁에 있었지만 침습하지 않았던 엄마는 이제 유아의 욕망의 대상이 된다. 유아에게 엄마가 (보이지 않게, 비침습적으로) 항상 거기에 있어 이제 엄마가 그의 욕망의 대상으로 발견될 수 있다는 것은 얼마나 큰 행운인가!

충동이 발생할 때, 유아에게 "이드 경험은 결실을 맺을 수 있다." '결실을 맺다fruitful'라는 단어는 포도나무에 포도가 익는 것, 또는 나무에 열매가 맺히는 것에 대한 은유이며, 자연스러운 성행위의 결과이기도 하다.

> 이러한 상황에서만 유아는 대상을 생생하게 느끼는 경험을 가질 수 있다. 이러한 많은 경험들이 허망감 대신에 현실감 있는 삶의 토대를 형성한다. (p. 34)

홀로 있을 수 있는 능력은 살아 있다고 느껴지는 삶과 우리 자신의 충동을 생생하고 나만의 것으로 느낄 수 있는 능력을 뒷받침한다.

> 홀로 있을 수 있는 능력을 발달시킨 개인은 끊임없이 개인적인 충동을 재발견할 수 있으며, 그 개인적 충동은 결코 낭비되지 않는다. 왜냐하면 그에게는 홀로 있는 상태가 항상 누군가가 거기에 있다는 것(비록 역설적이지만)을 의미하기 때문이다. (p. 34)

홀로 있을 수 있는 개인은(누군가 곁에 있으면서) 개인적 삶을 가진다는 것, 자신의 감각과 충동(자신의 욕망으로)을 경험하는 것을 반복적으로 "재발견"할 수 있다. 그리고 이 충동들은 "낭비되지 않는다". 왜냐하면 그것들이 나타날 때 이드-충동들의 대상이 되기를 기다리는 누군가가 있기 때문이다.

위니캇은 앞서 논의했던 주제를 다시 다루면서 홀로 있을 수 있는 능력에 관한 이야기를 완성한다.

> 시간이 흐르면서 개인은 엄마나 엄마 상이 *실제*로 존재하지 않더라도 잘 지낼 수 있게 된다. 이것은 그에게 '내적 환경'이 형성되었음을 말해준다. (p. 34, 원문의 이탤릭체)

여기서 위니캇을 다시 쓰기를 해야 할 것 같다. 내 생각에는, 유아가 실제 엄마가 (비침습적으로) 유아와 함께 있을 필요가 없는 지점에 도달한다는 생각이 암시된 것 같다. 대신 엄마는 "개인의 성격으로 확립되어 실제로 홀로 있을 수 있는 능력이 발달한다"(p. 36). 내 생각에는 "실제로 홀로 있는"이라는 구절은 개인이 외부 대상인 엄마가 곁에 있으며 홀로 있는 역설적인 경험을 극복한다는 의미로 해석되어서는 안 된다. 실제 엄마는 역설적인 홀로 있을 수 있는 능력 안에서 "다른 누군가"(외부 대상)로서의 "내적 환경" 경험으로 대체된다. "내적 환경"은 내부 대상으로서의 엄마와 구별되어야 한다. 왜냐하면 엄마를 내적 대상으로 보는 것은 홀로 있을 수 있는 능력의 근저에 있는 역설을 무너뜨리는 것이기 때문이다.

맺음말

서두에서 언급했듯이 이 논문은 어렵다. 이는 부분적으로 역설을 해결하지 않고서는 이해하기 어렵기 때문이다. 하지만 이것이 이 논문을 어렵게 만드는 전부는 아니다. 위니캇이 역설적 사고와 선형적 사고를 정당화하려 할 때 추가적인 어려움이 발생한다. "내적 환경"이 외부 대상인 엄마가 홀로 있을 수 있는 능력에서 하는 역할을 맡게 된다는 것은 다소 억지스러운 것 같다. 그 상황을 마음속으로 그려보며, 나는 다시 위니캇이 1952년에 그린 엄마의 환경 속 유아의 그림이 떠오른다. 하지만 이를 떠올리며, 그 그림보다 더 선형적(비역설적)인 것은 없다는 것을 깨달았다.

나는 위니캇이 제기한 질문에 대한 답이 없다: 유아가 홀로이면서 엄마와 함께 있는 역설적인 경험에서 유아가 외부 대상인 엄마의 역할("엄마의 실제 존재")을 완전히 떠맡는 시기가 오는가? 아마도 문제는 시간이 인식되는 방식에 있을지도 모른다. 위니캇이 "시간이 흐르면서"라고 말할 때, 그는 홀로 있을 수 있는 능력의 역설에 선형적이고 순차적인 시간 개념("통시적 시간"[Ogden, 2024]")을 적용하는 것 같다. 아마도 필요한 것은 "동시적" 시간 개념(Ogden, 2024), 즉 모든 시간이 현재 순간에 경험되는 시간 개념일 것이다. 과거는 지나갔다: 이는 10초 전과 10년 전에 일어난 사건에도 해당한다. 하지만 시간의 동시적 경험에서 존재하는 것은 오직 현재 순간뿐이다. 현재 순간은 "과거의 현재 순간"(Eliot, 1919, p. 11)이다.

과거는 과거 경험이 개인에게 남기는 인상을 통해 현재의 일부가 된다. "과거는 죽지 않았고, 과거조차 아니다"(Faulkner, 1951). 홀로 있을 수 있는 능력의 역설과 관련하여 시간을 동시적 시간으로 생각하면 "시간의 흐름"이라는 개념이 놀이와 꿈에서 경험하는 시간에 더 가까워진다. 우리는 환자에게 "그 꿈은 얼마나 오래 지속되었나요?" 또는 "그 장난감을 얼마나 오랫동안 가지고 놀았나요?"라고 묻지 않는다.

동시적 시간의 관점에서 볼 때, 내적 환경이 외부 대상인 엄마가 한때 맡았던 역할을 하게 된다고 말할 필요가 없다. 대신, 개인의 과거 엄마 경험을 외부 대상으로서, 즉 유아에게 남겨진 인상으로, 유아의 정체성 일부가 되는 (내적 대상이 아닌) 것으로 생각할 수 있다. 내적 세계와 외부 세계라는 개념을 언급할 필요는 없다; 대신, 과거와 현재의 경험과 관련하여 유아가 누구이며 누가 되어가고 있는지를 생각해 보게 된다. 이러한 방식으로 상황을 이해하는 것이, 위니캇의 생애 후반기 사고의 방향과 더 일치하는 것으로 보인다.

참고문헌

Eliot, T. S. (1919). Tradition and individual talent. In *Selected Essays*. New York: Harcourt, Brace, and World, 1960, pp. 3–11.

Faulkner, W. (1951). *Requiem for a Nun*. New York: Random House.

Ogden, T. H. (2024). Rethinking the concepts of the unconscious and analytic time. *Int. J. Psychoanal*. 104, 275–291.

Winnicott, D. W. (1952). Psychoses and child care. In *Through Paediatrics to Psycho-Analysis*. New York: Basic Books, 1975, pp. 219–228.

Winnicott, D. W. (1953). Transitional objects and transitional phenomena. In *Through Paediatrics to Psycho-Analysis*. New York: Basic Books, 1975, pp. 229–242.

Winnicott, D. W. (1958). The capacity to be alone. In *The Maturational Processes and the Facilitating Environment*. New York: International Universities Press, 1965, pp. 29–36.

Winnicott, D. W. (1971a). Transitional objects and transitional phenomena. In *Playing and Reality*. New York: Basic Books, pp. 1–25.

Winnicott, D. W. (1971b). Introduction. In *Playing and Reality*. New York: Basic Books, pp. xi–xiii.

Winnicott, D. W. (1971c). Playing: A theoretical statement. In *Playing and Reality*. New York: Basic Books, pp. 38–52.

9 한 젊은 작가에게 보내는 편지

친애하는 작가 동료에게,

귀하의 편지에 대한 응답으로 글쓰기에 대한 몇 가지 생각을 공유해 드리며, 이를 통해 당신만의 무언가를 창조할 수 있을 것입니다. 제가 하는 말을 글쓰기 경험에 대한 성찰이 아닌, 어떻게 글을 써야 하는지에 대한 지침으로 받아들이실까 봐 조금 걱정됩니다.

제가 글을 쓰려고 노력하는 동안 가장 중요했던 것은 저는 다른 사람처럼 글을 쓸 수 없고, 다른 누구도 저처럼 쓸 수 없다는 것을 아는 것입니다. 다른 사람처럼 글을 쓰려고 하는 것은 저만의 경험, 말투, 사고 방식, 글쓰기 방식, 존재 방식에 고유한 것을 파괴하는 것입니다. 이 사실을 확실히 아는 것은 작가로서 저에게 필수적이었습니다.

작가가 되는 것은 파트타임으로 할 수 있는 일이 아닙니다. 저는 항상 글쓰기에 대해 생각합니다: 샤워할 때, 출근길에 운전할 때, 점심을 먹을 때, 영화관에서 줄을 설 때, 비행기에 앉아 있을 때, 잠들 때에도 말입니다. 낮이든 밤이든 글쓰기에 대해 어떠한 식으로든 생각하지 않는 순간은 없습니다. 글쓰기는 제가 하는 일이 아니라, 바로 저 자신입니다. 보르헤스Borges가 12일간의 패혈성 혼수상태 이후 가장 먼저 답해야 했던 질문은 "나는 아직도 글을 쓸 수 있을까?"였습니다. 작가는 보르헤스 그 자체였기 때문입니다. 보르헤스는 자신이 여전히 글을 쓸 수 있다는 것을 스스로에게 증명하기 위해, 이전에는 한 번도 써 본 적이 없는 장르, 즉 단편 소설이라는 장르에 도전했습니다. 보르헤스는 자신이 여전히 작가인지 확인하기 위해 노력하는 과정에서 단순히 단편 소설을 쓴 것이 아니라, 새로운 단편 소설 장르를 창조했습니다. 그는 1939년에 그의 놀라운 첫 번째 소설인「피에르 메나르,『돈키호테』의 저자」를 썼습니다.

카뮈Camus(1943)는 글쓰기라는 과업에 대한 헌신의 중요성을 다음과 같이 설명합니다: "예술 작품은 영감의 섬광에서 태어나는 것이 아니라 매일의 충실함에서 태어난다"(p. 218). 글을 쓸 수 없다고 느낄 때에도 글쓰기를 계속하는 것은 용기 있는 행동입니다. 필립 로스Philip Roth는 글쓰기가 막힐 때 몇 주씩 서재에서 작가로서의 자신의 맥박을 찾으려고 노력했습니다. 프란츠 카프카Franz Kafka(1915)는 일기에 이렇게 썼습니다: "[3월 11일] 시간이 정말 빨리 가는구나. 열흘이 더 지났는데도 아무것도 이루지 못했다. 글이 잘 써지지 않는다. 가끔 한 페이지는 성공적이지만, 계속 쓸 수가 없고, 다음 날은 무력해진다"(p. 332). 버지니아 울프Virginia Woolf(1921)는 일기에서 이렇게 썼습니다: "나는 '*제이콥의 방*'을 써야 하는데, 쓸 수가 없다. 그래서 그 대신 내가 왜 쓸 수 없는지 그 이유를 적어야겠다. 이 일기는 마치 친절한 무표정한 옛 친구와 같다."

그리고 아이리스 머독Iris Murdoch(1943)이 쓰기를: "내가 글을 쓰나? 작년에 시 세 편만 썼고 산문은 한 편도 쓰지 않았어... 하지만 지금은 아무것도 쓰지 않고 있고, 글을 쓰고 싶은 마음도 없어." 나는 글쓰기에 영혼을 쏟습니다; 글쓰기는 제가 스스로에게 도전하는 공격적인 행위입니다.

젊은 작가인 당신에게 작가와 글쓰기에 대한 귀중할 수도 있는 몇 가지 생각을 간략하게 언급하겠습니다:

자신의 글을 진지하게 받아들이는 사람은 누구나 작가다.

작가는 글을 쓰는 사람이지, 출판하는 사람이 아니다.

젊은 화가는 숙련된 화가의 그림을 배우기 위해 그 화가와 함께 공부하는 것이 아니라, 자신이 어떻게 그림을 그리는지 배우기 위해 숙련된 화가와 함께 공부한다.

작가는 더 나은 자가가 되기 위해 글을 쓴다.

학술 논문부터 정치 선언문까지 모든 종류의 에세이는 예술의 형태이며, 창작 글쓰기의 한 장르로서, 다른 어떤 글쓰기 장르에도 마땅한 존중을 표해야 한다.

글쓰기에는 마법 같은 것이 없다. 글쓰기는 뮤즈의 선물이 아니다. 글쓰기는 자신의 독립적인 행위이다.

글이 자연스러워 보일수록 더 많은 노력과 재능이 들어간 것이다.

글은 결코 완성되지 않습니다. 여러 번 초안을 수정한 후에도 제가 글에 대해 말할 수 있는 것은 지금 이 순간 제가 할 수 있는 최선이라는 것입니다. 저는 제가 쓴 글에 결코 만족하지 않습니다. 제가 출판한 글은 읽지 않습니다. 글이 얼마나 형편없는지 보는 것이 싫기 때문입니다. 보르헤스의 친구였던 알폰소 레이예스Alfonso Reyes(1984)는 보르헤스가 "평생을 수정하는 데 허비하지 않기 위해 자신이 쓴 글을 출판했다. 책을 출판하는 것은 그것을 남기기 위해서이고, 책을 출판하는 것은 그것을 잊기 위해서다"라고 말했습니다.

저는 작가로서 철학을 읽으며, 헤겔(1807)의 주인과 노예에 대한 우화가 글쓰기가 저를 지탱해 주는 가장 중요한 방식 중 하나를 표현하고 있다고 생각합니다. 헤겔의 우화에서 노예는 주인을 위해 모든 것을 합니다: 주인이 먹는 음식을 재배하고, 주인이 사는 집을 짓고, 주인이 입는 옷을 짜고, 주인이 앉을 의자를 만듭니다. 주인은 아무것도 하지 않습니다. 이러한 관계의 결론은 노예가 의식, 자기-성찰 능력, 스스로에게 말하는 능력, 주체이자 대상, 나I와 내가me 될 수 있는 능력을 얻는다는 것입니다. 주인은 결코 의식을 얻지 못합니다. 이는 노예가 자신이 만드는 것들, 즉 자신이 기르는 작물, 자신이 짓는 집, 자신이 짜는 직물, 자신이 만드는 의자에 자신이 반영되어 있다고 보기 때문입니다. 주인은 아무것도 만들지 않기에 결코 의식에 도달하지 못합니다. 따라서 자신이 반영되는 것을 볼 수 있는 것이 없기 때문입니다. 마찬가지로 시인이 쓰는 시, 수필가가 쓰는 에세이, 소설가가 쓰는 소설은 작가가 자신을 비추는 거울과 같습니다.

저는 제 인생의 많은 시간을 글을 쓰는 데 바쳤습니다. 이는 제가 글을 쓰는 데 들인 시간뿐만 아니라 제가 살아온 모든 경험, 현실이든 상상이든, 작가로서의 제 정체성의 일부가 되었습니다. 저는 작가로서 책을 읽고, 작가로서 꿈을 꾸고, 작가로서 영화를 보고, 작가로서 가르칩니다. 저는 제 삶의 경험이 남긴 인상들의 총합이며, 이러한 인상들은 제가 쓰는 등장인물, 이야기, 에세이, 시를 채굴하는 채석장입니다. 이는 제가 책을 읽거나 영화를 보거나 잠이 들 때 한 걸음 물러선다는 것을 의미하지 않습니다. 정반대입니다. 책을 읽고, 꿈꾸고, 영화를 보고, 제 직업을 가지고 일하고, 어머니, 아내, 아이들, 손주들, 그리고 마트 계산원과 이야기하는 경험을 작가의 관점에서 경험할 때 변화하는 빛깔과 색조로 더욱 생생하고 강렬해집니다.

글을 읽을 때, 저는 문장의 구조와 길이, 화자와 등장 인물의 목소리의 특징, 은유의 사용 방식, 1인칭과 3인칭 서술의 사용 방식, 시와 좋은 산문에서 음악이 만들어지는 방식 등을 인지합니다. 소설을 읽을 때, 저는 마치 제 글의 초안을 수정하듯이 마음속으로 텍스트를 수정합니다:

문장을 다시 쓰고, 화자의 어조를 바꾸고, 은유가 효과적인지 생각해 봅니다. 제가 읽은 책의 저자들이야말로 제 글쓰기에 가장 중요한 스승이었습니다.

저는 제 직업을 통해 글쓰기와의 인연을 유지합니다. 저는 항상 제가 겪고 있는 경험에서(그 경험에 대해 쓰는 것이 아니라) 글을 쓰고 있습니다. 전문가로서 경험하는 생각과 감정을 글로 표현할 기회가 없다면, 직업에 대한 관심을 잃고 어쩌면 그 일에 시간을 쓰는 것에 분개하게 될지도 모릅니다. 일하는 동안 작가로서 경험에 반응하는 것이 가능하다는 것을 배웠습니다. 이러한 경험을 변형하여 세부 사항, 은유, 부드러운 소리로, 당시 쓰고 있는 글의 줄거리로 표현함으로써 말입니다.

우리 모두는 작가입니다. 우리는 매일 많은 글을 씁니다. 이메일, 문자, 생일 카드, 스스로에게 보내는 메모 등. 더 나은 작가가 되기 위해, 저는 모든 글쓰기를 진지하게 생각합니다. 사소해 보이는 글쓰기조차도 말입니다. 윌리엄 카를로스 윌리엄스Willian Carlos Williams의 "This is just to say"(1934, p. 372)만큼 이를 잘 보여주는 곳은 없습니다.

나는
냉동실에 있던
자두를
먹었다

아마도 네가
아침 식사로
남겨두었던 것
같다

용서해줘
너무 맛있었고
너무 달콤했고
너무 차가웠어

윌리엄스의 시와 그와 비슷한 다른 많은 시들이 일상적인 것을 예술로 승화시키는 방식을 기억하려고 노력합니다. 자신의 경험을 글로 기록하는 것이 항상 예술인 것은 아닙니다. 예술은 우리가 글을 쓰는 행위 속에서 경험을 활용하는 것입니다. 오늘 예술을 창조할 가능성이 제게 찾아왔는데, 아내가 몇 시에 일을 마칠 거냐고 묻는 이메일에 답장하는 형태로; 세미나 참석자가 몸이 아파서 오늘 세미나에 참석하지 못한다는 메모에; 여덟 살 손녀가 보내준 짧은 이야기에 답장하는 형태로; 책 추천 요청을 거절하는 형태로; 단편 소설에 대한 아이디어를 (우체국에서 줄을 서서 기다리던 중) 지갑에 닳고 닳은 종이에 적어 두었는데, 그런 경우를 대비해 항상 지갑에 넣고 다닙니다. 그럴 때마다 저는 글을 잘 쓰려고 노력했습니다. 생동감 있는 구절과 문장, 진부하지 않은 문장, 약간의 유머나 아이러니, 그리고 약간의 음악이 담긴 문장을 쓰려고 노력했습니다. 진심이 담겨 있고, 개인적이고, 생각을 자극하는 몇 마디라도 쓰는 것은 만족스러운 일입니다. 상상력이 풍부한 쪽지는 주고받을 수 있는 소중한 선물입니다.

　잠시 작가로서 제가 읽는 방식에 집중해 보겠습니다. 저는 작가들이 글에서 효과를 만들어내는 방식에 감탄하며, 그 효과들은 단어의 상징적 의미를 초월합니다. 저는 문장의 의미가 단어의 상징적 가치보다는 그 단어들이 제게 영향을 미치는 신비로운 방식에 더 많이 있다는 것을 알게 되었습니다.

글을 읽으면서 저는 스스로에게 묻습니다. "그는 어떻게 그랬을까?" 윌리엄 맥스웰William Maxwell(1980)은 *So Long, See You Tomorrow*에서 어떻게 책의 일부를 개의 관점에서 서술할 수 있었을까요: "나뭇잎이 떨어지기 시작했고, 개는 나무 꼭대기에서 빛나는 별을 볼 수 있었습니다"(p.115). 개에게 별은 나무 꼭대기를 통해 빛나는 것이 아니라, 나무 꼭대기 안에 있습니다. 그리고 개는 자신이 사랑하는 소년의 변화를 목격합니다. 그녀는 그 소년이 집, 말, 세탁 냄새, 책, 작업복, 그리고 그 외 많은 것들을 모두 잃었다는 것을 알고 있습니다. "이 모든 것을 다 가져가 버리고 그에게 무슨 짓을 한 거지?"(p.113) 개는 의아해합니다.

유도라 웰티Eudora Welty의 단편 소설 "넓은 그물"에 나오는 한 문장이 있는데, 저는 이 문장을 계속해서 되새깁니다. 이 긴 문장에서, 20세기의 첫 1/4분기에 미시시피의 여섯 살 흑인 소년 브루시는 형 그레이디가 멀리서 지나가는 화물 열차의 객차 수를 세는 것을 바라봅니다:

> 그것은 마치 작은 축제 행렬 같았는데 무지나 꿈처럼 느리게, 멀리 멀리서 움직이는, 작은 분홍색과 회색 객차들은 비밀 상자 같았는데, 그레이디는 마치 객차 하나하나를 분명히 볼 수 있는 듯이 혼자서 객차 수를 세고 있었고, 브루시는 새가 물을 마시는 것을 바라보듯 조용하고 조심스럽게 그의 입술을 바라보았다. (p.159)

이 문장은 움직이는 화물 열차의 객차처럼 열 개의 묘사적인 어구로 이루어져 있습니다. 이 문장의 첫 부분에서 화물 열차의 속도는 "무지나 꿈"의 무기력함에 비유됩니다. *무지*와 *꿈*이라는 단어는 모든 공허함과 모든 가능성의 짝을 이루며 저에게 잊혀지지 않습니다. 화자는 남부 사람들의 독특한 특성에 대해 이야기하고 있습니다: 남부 사람들의 거의 모든 것이 나른하게 움직이는 것처럼 보이며, 여기에는 무지와 꿈도 포함됩니다. 웰티는 한때 자신이 남부 사람이기 때문에 아무것도 지어낼 필요가 없다고 말했습니다.

이 문장은 마지막 두 구절에서 절정에 달하는데, 브루시가 형이 숫자를 세는 것을 바라보는 방식을 묘사합니다: "새가 물을 마시는 것을 바라보듯 조용하고 조심스럽게." 이 남동생이 형이 차를 세는 동안 입술이 움직이는 것을 지켜보는 방식을 어떻게 더 잘 표현할 수 있을까요? "새가 물을 마시는 것을 바라보듯"이라고 할 수 있습니다. 이 가사의 음악은 부드러우며, "조용"hushed과 "조심스럽게"cautious라는 두 개의 부드러운 쉿 소리가 합쳐진 데 이어 "그가 바라보듯"처럼 세 개의 부드러운 'w' 소리가 두음으로 반복되는 데서 비롯됩니다. 이 두음은 계획되지 않았다는 것이 거의 확실합니다. 글을 잘 쓰는 작가의 손에서 "그저 우연히" 생겨난 것입니다.

패트릭 화이트Patrick White가 1966년에 쓴 *The Solid Mandala*의 비교적 짧은 문장에서 화자는 월도가 어머니와 남동생의 이야기를 우연히 엿듣는 것을 묘사합니다: "이 무렵 월도는 자신의 가족 구성원 모두가 희망이 없지만 불가피하다고 결론을 지었습니다."(p.38) *희망이 없고*hopeless *불가피*inevitable라는 단어의 연결은 가족에 대한 진실을 포착합니다. 희망이 없다는 의미에서 가족은 결코 우리가 바라는 대로 될 수 없다는 것입니다; 사실 가족은 모든 면에서 실패하지만 우리의 가족은 불가피하고 벗어날 수 없는 것처럼 느껴집니다.

저는 제가 읽는 모든 소설과 단편집, 시집의 뒷표지 안쪽에 메모와 페이지 번호를 적습니다. 특정 단어 선택, 은유의 섬세함, 등장인물의 목소리 변화, 나비가 날개를 펼치듯 우아하게 움직이는 긴 문장에 대한 메모를 남기지 않았다면, 책을 읽었다는 생각이 들지 않습니다. 덧붙이자면, 저는 그 메모들을 다시는 보지 않는데, 아마도 제가 더 이상 그 책을 읽은 독자도, 작가도 아니기 때문일 것입니다.

T. S. 엘리엇은 "미숙한 시인은 모방하고, 성숙한 시인은 훔친다"라는 놀라운 명언을 여섯 단어로 압축했습니다. 미숙한 시인이 모방한다고 해서 젊은 시인들을 폄하하는 것은 아닙니다. 우리 모두는 미숙한 작가로 시작하여, 우리에게 영감을 준 작가들의 목소리를 모방하면서 글쓰기의 길로 나아가기 때문입니다. 저는 미숙한 상태에서 『모비딕』에서의 멜빌을 모방하며 글을 썼는데, 이는 17세 소년이 짊어지기에는 무거운 짐이었습니다.

제 생각에 성숙한 시인들의 "훔침"은 다른 시인의 시에서 따온 구절을 그대로 자신의 시에 끼워 넣는 것입니다(엘리엇도 이러한 관행을 따랐습니다). 하지만 그보다 더 중요한 것은, 작가로서 성숙해짐에 따라 자신의 글이 다른 누구도 소유권을 주장할 수 없는 전체의 일부라는 배경 감각을 갖게 된다는 것입니다.

초등학교 때부터 수많은 독서 경험을 통해 저는 페이지에 있는 단어들이 존재하는 전부라는 사실을 깨달았습니다. 단어 아래나 뒤에는 아무것도 없습니다. 작가로서 독서를 하는 것은 단어들을 들여다보고, 그 단어들이 내는 소리에 귀 기울이고, 단어들이 어떻게 어우러져 놀라운 효과를 만들어내는지 보는 것을 포함합니다. 이것이 글쓰기의 예술이자 기술입니다.

저는 항상 글을 쓰고 있습니다. 한 작품을 완성하고 다음 작품을 시작하기 전까지, 저는 글을 쓸 준비를 하는 사람입니다. 어떤 아이디어가 떠오르기 시작할 때면, 마치 평생 동안 이 아이디어를 품어 왔는데 이제서야 그것을 생각하고, 어쩌면 글로 표현할 방법을 찾아가고 있는 것 같은 기분이 듭니다. 화가인 친구는 제게 새 그림을 보여주며 이렇게 말합니다. "이 그림을 그리는 데 75년이 걸렸어."

사춘기 시절부터 저는 단어가 작동하는 방식, 의미를 전달하는 방식, 의미를 창조하는 방식, 그리고 단어에서 의미를 어떻게 앗아갈 수 있는지에 매료되었습니다. 고등학교 시절, 저녁 식사 후, 저는 테이블 위에 놓인 천 조각에 붙은 이름을 속으로 되뇌기 시작했습니다. 냅킨이라는 단어를 속으로 되뇌면 어떻게 되는지 시험해 보기로 했습니다. 15번이나 20번 반복하자, 그 물건의 이름은 더 이상 단어가 아닌 소리로 변해버렸고, 그 물건은 더 이상 이름이 아니라, 다른 어떤 소리로도 대체될 수 있는 소리를 갖게 되었습니다. 그 소리에는 그 물건과 연결되는 본질적인 요소가 없었기 때문입니다. 저는 제가 기억하는 모든 물건의 이름이 기억할 수 없는 소리로 전락할까봐 두려웠습니다. 만약 이런 일이 일어난다면, 저는 제정신을 잃고 말도, 생각도 할 수 없게 될 것입니다. 이 경험은 언어의 어두운 비밀 중 하나를 드러냈습니다: 언어가 나를, 그리고 내가 사는 세상을 창조하는 힘과 그 세상에서 의미를 앗아가는 힘 말입니다.

소설과 논픽션 모두에서 제가 글을 쓰는 방식에 대한 측면들을 언급할 것입니다. 이는 글을 어떻게 써야 하는지에 대한 조언이 아니라, 제가 글을 쓰는 방식을 묘사하기 위한 것입니다. 저는 외부의 방해 없이 글을 쓸 수 있는 특정 시간을 확보하려고 노력하지만, 아이들이 어렸을 때처럼 항상 가능한 것은 아닙니다. 글을 쓸 시간이 없을 때는 틈틈이 시간을 내어 낮이나 밤의 몇 분이라도 글을 씁니다. 예를 들어, 아내가 아이들을 재우며 책을 읽어주던 시간, 기차나 비행기 탑승을 기다리며 보낸 몇 분, 몇 시간, 약속에 늦는 내담자나 동료를 기다리는 몇 분 등입니다.

저는 제가 쓰고 있는 주제에 대한 다른 사람들의 글은 읽는 것을 피합니다. 저는 다른 사람들이 어떤 주제에 대해 쓴 글을 읽을 때, 그들과 논쟁하고 싶은 마음이 들거나 (이는 저나 독자 모두에게 흥미롭지 않습니다), 내 생각은 이미 쓰여 있어서 다시 쓸 필요가 없다는 생각에 그들에게 굴복하고 싶어지는 경향이 있다는 것을 알게 되었습니다. 저만 이런 감정

을 느끼는 것은 아닙니다. 위니캇(1945)은 한 논문의 서두에서 다음과 같이 우아하게 진술합니다:

> 나는 이 주제와 관련된 연구 결과들을 요약하거나 나의 생각이 다른 사람들의 이론들에 의해 어떤 영향을 받았는지를 설명할 생각은 없다. 나의 마음은 그런 방식으로 작용하지 않는다. 나는 임상 경험에 근거해서 이런저런 발견들을 끌어모아 나 자신의 이론을 형성한 다음, 맨 나중에 내가 어디서 무엇을 훔쳐왔는지 알아보는 데 관심을 갖는다. 아마도 나의 이런 방법도 그리 나쁜 방법은 아닐 것이다. (p. 145)

글을 쓸 때 자신을 방해하지 않는 것 – 즉 내가 하는 말에 지나치게 비판적인 태도를 삼가는 것 – 은 필요하면서도 어렵습니다. 제 작품에 대한 서평은 특히 저에게 도움이 되지 않는다고 생각합니다. 저는 더 이상 서평을 읽지 않습니다. 서평을 읽던 수십 년 동안, 저는 서평자를 마음속에 두고 마치 그(그녀)가 원하는 방식으로 쓰라고 재촉하는 목소리가 들렸기 때문입니다. 서평이 칭찬이든 비난이든 상관없이 말입니다. 저는 제가 쓰고 있는 것에 대해 누구와도 이야기하지 않습니다. 왜냐하면 열광적인 반응이든 비판적인 반응이든지 간에 제 글쓰기 과정을 방해하는 편견으로 남아 있기 때문입니다. 파울 클레Paul Klee는 어렸을 때 자신의 작업실은 자신이 가장 존경하는 예술가들로 가득했지만, 나이가 들면서 방이 비워지고 마침내 혼자 그림을 그리게 되었다고 썼습니다.

저는 글을 개선하는 가장 확실한 방법 중 하나가 텍스트를 삭제하는 것이라고 생각합니다: 이야기나 에세이의 진행에 필요하지 않은 모든 불필요한 단어, 어구, 문장, 은유, 등장인물을 삭제하는 것입니다. 여기서 저는 톰 스토파드Tom Stoppard(1999)가 시를 "언어의 압축과 의미의 확장을 동시에 하는 것"(p.10)이라고 정의한 것을 떠올립니다.

제 글이 "비생산적"이라고 느껴질 때가 많다는 것을 알게 되었습니다. 제 글이 사고나 스토리텔링의 구조를 만들어내는 문장의 조직을 생산하지 못하기 때문입니다. 하지만 저는 글쓰기가 더 크고 명확한 의미 구조의 일부가 되기 전에 형태나 방향이 없이 "비생산적"이어야 한다는 것을 계속해서 깨닫습니다. 글이 저에게 신선하고 독창적으로 느껴지려면 제가 이전에 의미를 전달했던 방식에서 벗어나 새로운 방식으로 나아가야 합니다.

어떤 아이디어나 서사적 반전을 쫓다 보면 그것은 저에게서 멀어집니다. 조용히 글을 쓰다 보면 그것이 저에게 찾아올지도 모릅니다. 방금 제가 한 말에 대한 혹자의 반응을 상상해 볼 수 있습니다: "당신은 경험이 풍부한 작가이기 때문에 찾아오는 것이지, 저는 그렇지 않습니다. 저는 글쓰기의 대기실에 멈춰 선 신참입니다." 나는 이렇게 답할 것입니다:

> 자동차 운전, 수플레 굽기, 테니스 치기 등 다른 모든 일과 마찬가지로, 이러한 일들을 잘하려면 엄청난 연습이 필요하고, 아무리 많은 연습을 하더라도 시간과 인내가 필요하며, 원하는 결과가 나올 거라는 보장은 없습니다.

저는 피어나다가 죽어버린 에세이, 단편 소설, 소설들을 버렸습니다. 그 잘못된 시작들이 나중에 제 글에 반영이 안 될 수도 있지만, 그 모든 것들이 제가 더 나은 작가가 되는 데 기여합니다.

저는 글을 쓸 때, 좋은 문장이 들릴 때까지 씁니다. 저는 고등학교 때 멜빌과 셰익스피어를 읽었습니다. 그들의 글이 "좋은" 것은 사람들에게 좋다고 들었기 때문입니다. 저는 당시 아직 좋은 글을 읽는 감각이 발달하지 않았습니다. 좋은 문장, 즉 나름대로 의미가 통하는 문장들을 들을 수 있게 된 것은 대학교 신입생 작문 수업을 들을 때였습니다. 학기 중반쯤, 교수님은 한 학생이 "기분이 좋았던 상황을 묘사해 보세요"

라는 과제로 작성한 글을 읽으셨습니다. 그 학생은 집 앞 계단을 내려와 인도를 따라 걷다가 지나가는 개에게 인사를 건넸다고 했습니다. 저는 개에게 인사하는 그 세세한 묘사에 감동했습니다. 처음으로 좋은 글의 소리를 들을 수 있었습니다.

저는 허구와 논픽션의 차이는 상상이라고 생각합니다. 모든 자서전은 허구이고, 모든 허구는 자서전입니다. 허구는 현실의 왜곡이 아닙니다; 경험의 정서적 진실을 표현하는 가장 신뢰할 수 있는 매체입니다. 대화를 쓰는 것은 이야기의 특정 시점에서 등장인물이 누구인지 전달하는 가장 효과적인 방법 중 하나입니다. 화자로서 저는 등장인물이 소심하거나 신랄하거나 과대적이라고 말할 수 있지만, 그러한 특질은 등장인물이 말하는 목소리로 더 잘 전달됩니다.

어떤 종류의 경험에 대해 글을 쓰든 저는 설명이 아닌 묘사를 시도합니다. 인간의 감정과 행동처럼 복잡하고 신비로운 것에 대한 설명이 없기 때문입니다. 삶은 이해할 수 없고, 심지어 그럴듯하지도 않습니다. 글을 쓸 때 우리는 삶을 기록하는 것이 아닙니다; 우리는 삶을 창조합니다.

참고문헌

Borges, J. L. (1939). Pierre Menard, author of the Quixote. In *Labyrinths: Selected Stories and Other Writings*, ed. D. Yates & J. Irby. New York: New Directions, 1964, pp. 36–44.

Borges, J. L. (1984). *Twenty-four Conversations with Borges by Roberto Alifano*, 1981–1983. New York: Grove Press.

Camus, A. (1943). Intelligence and the scaffold. In *Lyrical and Critical Essays*, ed. P. Thody, trans. E. Kennedy. New York: Vintage Books, 1968, pp. 210–218.

Hegel, G. W. F. (1807). *Hegel's Phenomenology of Spirit*, trans. A. V. Miller. Oxford: Oxford University Press.

Kafka, F. (1915). *Diaries*, 1910–1923, ed. M. Brod. New York: Schocken Books, 1948.

Maxwell, W. (1980). *So Long, See You Tomorrow*. New York: Vintage.

Murdoch, I. (1943). Letter to Frank Thompson. In *Writer at War: Letters and Diaries*, 1939–1945. London: Short Books, Ltd., 2000.

Stoppard. T. (1999). *Pragmatic theater.* New York Rev. Books, September 23, 1999, pp. 8–10.

Welty, E. (1942). The wide net. In *The Collected Stories of Eudora Welty*. New York: Mariner Books, 1955, pp. 153–170.

White, P. (1966). *The Solid Mandala*. New York: Penguin.

Williams, W. C. (1934). This is just to say. In *The Collected Poems of William Carlos Williams*, 1919–1939, ed. A. Litz & C. Mac Gowan, Vol. 1. New York: New Directions, 1991, p. 372.

Winnicott, D. W. (1945). Primitive emotional development. In *Through Paediatrics to Psycho-Analysis*, New York: Basic Books, 1975, pp. 145–156.

Woolf, V. (1921). *A Writer's Diary*. New York, Mariner Books Classics, 2003.

감사의 말

본 책에 다음 논문들의 활용에 동의해 주신 *The Psychoanalytic Quarterly*에 감사드립니다:

"Ontological psychoanalysis in clinical practice." *Psychoanalytic Quarterly* 93: 13–31, 2024. © The Psychoanalytic Quarterly.

"Giving back what the patient brings: On Winnicott's 'Mirror-role of mother and family in child development." *Psychoanalytic Quarterly* 93: 413–430, 2024. © The Psychoanalytic Quarterly.

본 책에 다음 논문들의 활용에 동의해 주신 *International Journal of Psychoanalysis*에 감사드립니다:

"Rethinking the concepts of the unconscious and analytic time." *International Journal of Psychoanalysis* 105: 275–291, 2024. © The Institute of Psychoanalysis.

"Like the belly of a bird breathing: On Winnicott's 'Mind in relation to the psyche-soma.'" *International Journal of Psychoanalysis* 101: 7–22, 2023. © The Institute of Psychoanalysis.

"What Alive Means: On Winnicott's 'Transitional Objects and Transitional Phenomena.'" *International Journal of Psychoanalysis* 101: 837–856. © The Institute of Psychoanalysis.

본 책에 다음 논문의 활용에 동의해 주신 *American Psychoanalytic Association*에 감사드립니다:

"Transformations at the dawn of verbal language." *Journal of the American Psychoanalytic Association*, 2024. © The American Psychoanalytic Association.

본 책에 다음 논문의 활용에 동의해 주신 *Parapraxis*에 감사드립니다:

"A letter to a young writer." *Parapraxis*, Summer, 182–187, 2024. © Parapraxis.

본 책에 윌리엄 카를로스 윌리엄스의 다음 시의 활용에 동의해 주신 New Directions Publishing과 Alliance House에 감사드립니다:

"This is just to say." William Carlos Williams from The Collected Poems: Volume I, 1909–1939, copyright © 1938 by New Directions Publishing Corp. Reprinted by permission of New Directions Publishing Corp. and Alliance House.

이 책의 제작 과정을 도와주신 지나 앳킨슨Gina Atkinson과 테리 스미스Terri Smith, 그리고 훌륭한 색인을 제작해 주신 패트리샤 마라Patricia Marra에게 감사드립니다.

또한 이 책을 사려 깊게 편집해 주신 아내 샌드라 옥덴Sandra Ogden 에게도 깊은 감사를 표합니다.

색 인

ㄱ

가비드Gabbard, G. 33
가디니Gaddini, E. 33
가디니Gaddini, R. 33
가프Gough, D. 88
계속하여 존재하기: ~의 연속성을 방해하는 113; 초기의 유아 135; ~의 개념 116
공상하기 41, 54
"공상의 측면들" 40-41
공동-구성 84
"과거는 죽지 않았고..." 164
"과거의 현재 순간" 81, 82, 83, 163
관계 68, 161; "실제 엄마"와의 49; 자신의 다양한 요소들 간에 9; 분석적 16, 81, 144, 157; 존재와 시간과의 126; 외부 대상 41, 150; 이드- 158; 유아와 엄마의 156; 홀로 있는 유아와 엄마간의 149-154; 내적 대상과의 46, 76, 82, 150, 153, 154; 사랑 157; 엄마-유아 126, 136, 144; 서로에게 영향을 주는 79; 부정적 측면 42; 대상- 33; 한-몸 148; 과거와 현재의 82; 심리와 소마의 118-120; 성적인 157; 기호와 기의의 134, 142, 144; 주체와 대상으로서의 138; 상징적 동등시와 상징 형성 134; 세-몸 148, 153-154; 전이 13; 중간 대상과의 35, 150; 두-몸 148

광증: 기억하기 위해 재경험하는 13
구조적 모델 151
꿈꾸기: ~와 분석적 제삼자 141; 비온의 11, 15; ~와 홀로 있을 수 있는 능력 157; ~와 존재하게 되기 10; O의 개념 15; 의식적 경험으로서의 68-70; ~의 경험 10; 생각하기의 형태로서의 69; 프로이트의 69, 134; 성장을 촉진하는 11; ~의 잠재적 의미 69; "나me"와 "나I" 140; 비언어적 표상들 134; 존재론적 정신분석 11; 전언어적 경험 134; ~와 정신적 성장 140; 동시적 시간 79, 164; ~와 전의식 조직 134; 함께 80; ~와 무의식 68; ~의 무의식적 의미 11; ~의 시각적 이미지 134; 깨어있는 10; ~는 무엇인가 134; ~와 글 쓰기 169
꿈들: 꿈을 꾸는 자 139; 꿈을 이해하는 자 140; ~와 프로이트 69; ~의 해석 41, 122, 139, 140; ~의 의미 11; ~이 아닌 꿈들 56
꿈 시간 38, 79, 80
그린Green A. 33, 42
그린에이커Greenacre, P. 33
그롤닉Grolnik, S. 33
그롯슈타인Grotstein, J.: "아기-말" 89, 136; ~과 비온 15; "꿈을 꾸는 [무의식적] 꿈꾸는 사람" 140 ; "꿈을 이해하는 [무의식적] 꿈꾸는 사람" 140

글쓰기: 독립의 행위로서의 168; 예술이자 기술 174; ~와 보르헤스 166; ~와 카뮈 167; 존재하게 되기로서 9; 삶을 창조하는 것으로서 8; ~안에 대화 178; 허구 178; ~와 카프카 167; ~와 머독 167; 와 로스 167; 좋은 문장의 소리 177; 비생산적인 177; ~와 울프 167
기억과 욕망 14, 82
기호: 표현의 요소 134; 전언어적 말 144; ~과 기의 134, 142, 144

ㄴ

나I-나me 변증법 140, 144
나-다움I-ness: ~과 꿈꾸기 140; ~과 나-다움me-ness 135; ~과 타자성 135; 주관성 135; ~과 말의 상징적 언어 133
"나-아닌": 대상 34; "나"와의 분리 87
내적 대상: ~과 홀로 있을 수 있는 능력 149, 150, 155; ~의 상상적 세계 76; ~과 엄마 155, 163; ~과 클라인 154; ~과 전이 82
논쟁적 토론 152
놀이: ~와 존재하기 되기 9, ; 자아-관계성 157, 158; ~의 경험 11, 108, 147, 156, 157, 158; ~와 이드-관계성 158; 엄마와 아동의 반영하기 90; ~의 역설 8, 90, 146, 150; ~대놀이 12; 진지하게 37; ~의 상징적 의미 12; 동시적 시간 80; 그 자체 12 ; 제삼의 영역 158; 동사로서의 12
놀이와 현실 8, 39, 149
늑대 인간 82

ㄷ

대상: 이드-충동의 162; 홀로 있을 수 있는 능력에서의 역할 155, 161-162; ~의 사용 146
대상관계이론 9; 홀로 있을 수 있는 능력의 154
동시적 시간: 분석적 삼자 안에 82; 비온의 기억과 욕망 82; ~과 홀로 있을 수 있는 능력 163; 공동-창조된 주관성 85; ~과 통시적 시간 79, 84-86; 꿈 시간 79-80; 붕괴에 대한 두려움 82; 프로이트의 사후작용 82; ~안의 역설 80; 과거 안에 현재 80, 83, 87, 163; ~과 외상 85

ㄹ

라캉Lacan, J.: 아버지의 법 27; "거울 단계" 104
라플랑슈Laplanche, J.: "해석"의 정의 10
랑크Rank, O.: 해석에 대해 16; ~와 존재론적 정신분석 16-17; 경험의 역할 16-17
랭거Langer, S.K.: 언어의 철학 139
레이예스Reyes, A.: 글쓰기에 대해 168
로스Roth, P.: 글쓰기가 막힐 때 167
뢰발트Loewald, H. 147
루드니츠키Rudnytsky, P. 33
리꾸에르Ricoeur, P. 137
리토위츠Litowitz, B.: 전언어적 의사소통 136

ㅁ

마인드: 의식적과 무의식적 11, 46, 68-71, 75, 76, 108; 방어적 반응으로서의 116; 심리-소마의 기능으로서의 108-112, 115, 116, 123; 완벽한 환경에 대한 필요로서의 117; 심리-소마와 대립하여 117; 병리적 방어로서의 117; ~와 프로이트 68, 69; ~와 윌리엄 제임스 70; -심리 119, 120, 123; ~의 이론 112-122; 동사로서의 70, 109; 없이 121, 126
"마인드와 심리-소마와의 관계" 107-132
맥스웰Maxwell, W.: So Long, See You Tomorrow 172
맥케이McKay, R. 33
머독Murdoch, I.: "내가 글을 쓰나..." 167
멜빌Melville, H. 174
멸절 119
모비 딕 174
몰리나리Molinari, E. 33
몽상: ~과 홀로 있을 수 있는 능력 157; ~의 상징적 경험 139; 깨어있는 꿈꾸기 10, 56, 58, 59, 62
무의식: ~의 요소 140; 의식적 마음 없이는 무의미한 개념 9; ~의 개념 8, 66-78; ~과 의식적 마음 10, 108; 꿈꾸는 자 139; ~과 프로이트 10, 67, 69, 76, 77, 107, 108, 128, 134, 151; 실체가 아닌 생각 67, 70, 76, 77, 129; 내적 대상관계 76; ~과 클라인 10, 107; 의식화 하기 10; 의미 11, 76, 107; 은유로서의 67, 130; 제 2의 마음이 아닌 70, 76, 77, 129; "패턴화" 62; 무의식적 환상 11; 특성으로서의 69; 억압된 35, 46, 134; ~의 개념에 대해 다시 생각해보기 66-78; "또 다른 세상이 있다" 71; 지형학적 모델 46, 108, 128-130, 151; 꿈에 대한 이해 140;

ㅂ

바쉬Basch, M.F. 133
발달: 아동 87-106; 새로운 분석적 개념 33; 존재론적 정신분석의 16, 17; ~과 자기-반영 69
발린트Balint, M. 158
베이컨Bacon, F. 104
보르헤스 Borges, J.L.: "나는 아직도 글을 쓸 수 있을까?" 166; 피에르 메나르, 돈키호테의 저자 167
봐주는 것: ~의 부재 90; ~의 노력 75; ~의 욕구 76; 보기와 93-100; ~의 가치가 없는 101
부정: 그린과 42; 기억하기의 44-46; 관계의 측면 42, 47; ~의 사용 50
분석적 관계: 안에서의 경험 16; 안에서의 전언어적 의사소통 134-136, 144; 안에서의 성적 흥분과 욕망 157, 159; 안에서의 공동-창조된 주관성 85
분석적 환경 157; 분석적 관계로서의 82; 안에서의 홀로있을 수 있는 능력 52, 85; 안에서의 자기의 진화 17; 안에서의 이드-충동 160; 안에서의 통시적 시간을 놓아주기 80; 안에서 추론을 하기 67; 안에서 환자의 자라나는 신뢰 12; 안에서 환자의 "개인적인 삶"이 발생하는 160; 자기-성찰과 134; 안에서의 무의식적 마음과 시간 66; 안에 있는 방식 9

분석적 스타일: 대 기법 17, 29, 97, 101
분석적 기법: 과 경험하기 16; 페렌지 Ferenczi 16, 77; 해석의 16; ~과 존재론적 차원 16, 29; 에 대한 환자의 신뢰 12; 랑크Rank 16; 반복 16; 대 스타일 16, 29, 97, 101
분석적 제삼자 81, 141
분석적 시간: 대 "시계 시간" 68; 꿈의 시간으로서의 79, 80; ~의 개념에 대해 다시 생각해보기 8, 79-86; 과 동시적 시간 80; 과 무의식 8, 66, 67
붕괴 24, 82, 120
비온Bion, W.R.: 공동으로 창조되는 분석 7; 분석가의 생각할 수 있는 자유 61; O의 개념 15; ~의 창조적 독해 147; ~과 욕망 14, 82; ~과 꿈이 아닌 꿈에 대하여 56; ~과 꿈꾸기의 경험 10; "꼭 해야만 한다면 가해, 나해..." 15; 내적 그리고 외부 세계 158; ~과 해석에 대해 14-16; ~과 직관에 대해 14; ~과 알지 못함을 살아내기 14; 기억과 욕망 14; ~과 존재론적 정신분석 10, 11, 14; 살아있고 실재하는 환자의 경험에 대해 7, ; ~과 환자의 이해 15, 16; 정신분석의 혁명적 변화 7; 생각하기에 대한 연구 15; ~과 동시적 시간 14
비보나Vivona, J. 136

ㅅ

사후작용 82
사후 작용 82
살아있기: ~와 환상의 시작 128; ~와 O의 개념 15; 창조적 활동과 92; 상상적으로 109; ~와 존재론적 정신분석 12, 13; ~의 기원 32; 육체적으로 111; ~와 "부정적인 것" 45; ~와 언어적 상징적 말 142
살아있음(생동감) 37, 47, 62, 108, 127, 131; ~에 대한 능력 62; 홀로있을 수 있는 능력과 152; 의식적 그리고 무의식적 마음과 129; ~과 죽어있음 10; 자아-관계성 152; ~에 대한 두려움 62; 상상의 109, 127; ~의 상실 120; 육체적 108-112, 116-119, 127, 129; 심리의 110-112; 심리-소마의 127-129; 억압 장벽과 128, 129; 성적 156-157; 소마의 110, 131
상호주관성: 도착적 141
상징: 감정 상태에 대한 136; 형성 134, 135; ~과 기호 134; ~과 상징화된 것 134, 135; 언어적과 시각적 137-139
상징적 동등시 134
샌들러Sandler, J.: 무의식적 꿈-작업과 이해-작업 140
생각하기: 분석적 77, 132; ~과 O의 개념 15; 발달적 33, 35; 꿈으로서 70; 과도한 118, 124; 상상적 90; 선형적 153, ; ~의 행위로서 마인드 70; 전능함 41; 역설적 8, 46, 147, 163; ~과 비온 15; ~과 프로이트 69, 153; 일차 과정 67; ~과 심리-소마 116; 정신분석적 35, 129, 158; 이차 과정 11, 40, 68; 의식의 흐름 70; ~의 구조 177; ~과 무의식적 마음 69; ~과 말의 언어 136, 137, 138, 144
생각할 수 있는 분석가의 자유: 비온Bion 61; 피크Pick 62; 시밍턴Symington 62

설즈Searles, H. 147
성숙 과정 46
성적 욕망: 자기가 풍성해지는 것 159; ~과 이드-충동 159; ~과 이드-관계성 157; 사랑과 136
셰익스피어Shakespeare, W. 177
-소마: 육체적 살아있음 109-111, 130; 국소화될 수 없는 110
스토파드Stoppard, T.: 시의 정의 176
스캇Scott, W.C.M. 108
시: 정의 176
시간: 분석적 79-86; 달력 79; 시계 79, 80; ~의 개념 66; 통시적 79, 80, 85-86, 134, 163; 꿈 38, 79, 80; 순차적 68, 134, 163; 동시적 79-86, 163
시걸Segal, H.: 상징 형성 134; 상징적 동등시 134
시밍턴Symington, N.: 분석가의 생각할 수 있는 자유 61; "공동 개체"로서의 분석적 쌍 62
심리-: 상상적으로 살아있는 109, 130; 상상적 살아있음의 경험 110; 육체적 살아있음 110; 유혹 당한 119; 국소화될 수 없는 131
심리-소마: "실제 엄마"와 118-120, 131; ~의 발달 111; ~와 환경 114; ~의 의미 109-111; ~의 기능으로서의 마인드 109-111, 115, 116, 122; ~와 엄마 115; ~의 다양한 의미들 107; 상호관계성 110-111; ~와 존재론적 정신분석 11; 마인드와 대비하여 116; 와 사고 117
실제성: ~의 부재 45, 46, 61; 와 심리-소마 129-131; 자기의 120; 와 비실제성 10, 37, 108, 129-131
"실제 엄마": 와 홀로 있을 수 있는 능력 162-163; 유아에게 죽은 120; 모성적 적응의 실패 119-120, 131; 내적 환경으로서의 163; 심리-소마와 119-120; ~에 대한 의존 119; 중간 대상과 49-50

ㅇ

"아기 말" 88-89, 136, 144
"아동 발달에서 엄마와 가족이 담당하는 거울역할" 87-106
아이작스Isaacs, S. 147
안나 프로이트Freud, A. 152
안아주기: ~와 존재하기 113, 125-126
알 수 없는 것; ~과 비온 14, 15; 살아내지 못한 삶 7
억압: 장벽 46, 71, 128, 129; 지형학적 모델 130
언어적 해석: ~과 인식론적 정신분석 10
언어적 상징화: 전에 133; 추상적 관념의 136; ~의 출현 133; ~와 살아있음 8; ~과 삶 143; 새로운 형태의 존재를 창조하는 137, 140, 144; 꿈의 140; 인식론적 정신분석 10; 감정 상태의 136, 142-143; ~와 프로이트 134; ~와 해석 135, 139; ~와 의미 8, 141; 대상의 136-137; ~와 주관성 133, 136, 137, 144; ~와 생각하기 143; 여명의 변형 8, 133
엄마: 실제 34, 49, 118-120, 131, 161-163; 살아있는 환경으로서 114, 150, 155, 163; ~의 죽음 43, 44; ~와 자아-관계성 157; 환경으로서 87, 163; 외부 대상으로서 156, 163; ~의 얼굴 13, 87-97; 침범으로서 155; 내적 대상으로서 155, 163; ~의 전능함 92; 보통의 좋은 113,

114; 완벽한 112; 분리된 사람으로서 88; 주관적 대상으로서 88; 유혹하는 119; ~와 중간 대상 50; 비침습적인 161

"역전이에서의 증오" 92

에이브럼Abram, J. 31, 44

엘루아드Eluard, P.: "다른 세상이 있다…" 71, 83

엘름허스트Elmhisrt, S.I. 33

엘리엇Eliot, T.S.: "미성숙한 시인은 모방하고, 성숙한 시인은 훔친다" 174; "과거의 현재 순간" 81, 83, 163

역설: 분석적 치료의 103; 홀로 있을 수 있는 능력에서의 8, 147-150, 154, 155, 157, 158, 162, 163; 자아-관계성 156; 의사소통되지 않는 핵심 자기 147; 중간 영역 40; 놀이 150; 놀이와 현실에서 39; 주관성과 객관성 151; 전이에서 103; 중간 대상과 중간 현상의 8, 31, 39-40, 150

오이디푸스 콤플렉스 148

외부 대상: ~에 대한 신체적 성적 욕망 159; ~과 홀로 있을 수 있는 능력 150, 156; ~과 단절된 41; 현실적으로 경험 11; 경험에서 고립된 118; ~과 클라인 154; 엄마의 표상으로서의 150, 155, 162

외상: 현재에서 살아나는 81-83; 전이 안에서 경험되는 13; 성적 학대 83-85; ~과 동시적 시간 85

욕망: ~과 분석적 관계 157; 마인드 없이 120, 121; ~과 비온 14, 82; ~과 자아-관계성 157, 162; 사랑에 빠지는 것 97; 이드-경험 161; 이드-충동 159; 기억과~ 14; ~의 대상

으로 엄마 161; 평범한 114; 성적 152, 157; ~을 기다리는 162; 미래에 일어날 것에 대한 82

우연한 사건들 115

우울적 자리: 자기-대상 분화 41; ~과 상징 형성 135; 두-몸 관계 148

울프Woolf, V.: 글쓰기에 대해 167

웰티Welty, E.: "넓은 그물" 172-173

위니캇Winnicott, D.W. ; "내가 가진 것은 내가 가지지 못한 것뿐입니다" 50; "공상이 지닌 여러 면들" 40-55; "환경으로부터 자신의 무언가를 되찾기" 92; "환자가 가져오는 것을 돌려주기" 13; "역전이에서의 증오" ; "나는 홀로 있다" 155; "시의 무한한 다양성" 136, 144; "마인드와 심리-소마의 관계" 107-132; "어린이 발달에서 엄마와 가족이 담당하는 거울역할" 87-106; "기억의 부정" 44-45; "관계의 부정적 측면" 42, 47; "아기란 없다" 91; 놀이와 현실 8, 39, 149; "소중한 분노의 순간" 43, 51, 53; "거울의 전조는 엄마의 얼굴" 87; "정신증과 아동 돌봄" 155; "아름다움과 사랑에 빠진 남자" 97; "홀로 있을 수 있는 능력" 147-165; "우리가 사는 곳" 36; "이것이 바로 죽음의 의미이다" 42-43, 50; 소아의학을 거쳐 정신분석학으로 32; "환자에게 내 이해의 한계를 알리기" 90; "중간 대상과 중간 현상" 32-65; "내가 어디서 무엇을 훔쳐왔는지" 176; "마인드 없이" 121, 126

윌리엄스Williams, P. 33

윌리엄스Williams, W.C.: "This is just to say" 170-171

의미: 의식에서 77; 창조하기 94, 100, 139-141; 꿈의 11; 인식론적 정신분석에서 76; 표현할 수 없는 대 말해진 21; ~과 언어 143, 171, 174, 175; 잠재적 7, 69, 70, 76; 개인적 93; 전언어적에서 언어로 8, 136; "심리-소마"의 108-110; 구조의 126, 127, 131; 전이의 82; 중간 대상의 35-37; 무의식 10, 11, 67, 68, 76, 107

의식적 마음: ~과 살아있음 129; ~대 의식 70-71; ~과 무의식적 마음 9, 108

의식: 능력으로서의 69, 71; ~대 의식적 마음 70, 71; ~의 공백 124, 125; ~과 헤겔 168; "나로I"로서의 주체, "나me"로서의 대상 69; ~의 잠재적 의미 70, 71, 77; 개념 69

"이드가 있었던 곳에 자아(나)가 있게 하라": ~와 인식론적 정신분석 10

인식론적 정신분석: 과도한 76; 프로이트와 11, 107, 130; 해석들 12; 클라인과 11, 107; 알기와 이해하기 7, 9; 의미 76, 140; ~과 존재론적 정신분석 7, 9; ~에 대한 환자의 더 큰 이해 76; 주요 목표 11; 지형학적 모델 130, 131, 134; 언어적 해석 10; "이드가 있었던 곳에 자아가 있게 하라Wo Es war, soll Ich werden" 10

"이것이 바로 죽음의 의미이다" 42-43

이드-충동: 살아있는 실제 리비도적 경험 159; 육체적 성적 욕망 159; ~과 홀로 있을 수 있는 능력 162; 자아 삶에 담기는 162; "결실을 맺다" 161 ; ~의 대상 162; 실제적이고 개인적인 159, 161; ~과 자기-조직 159

이드-관계성: ~과 홀로 있을 수 있는 능력 157-159; ~과 자아-관계성 151, 152, 158, 159; 성적 살아있음 158

이차 과정: 의식적 영역 68, 69; ~과 역설 39; ~과 프로이트 10, 134; ~과 클라인 10; ~과 전의식 조직 134

이해 15, 16; ~와 비온 15, 16; 경험에서 태어나는 9; ~의 추구 75, 76; ~에서 경험하기로 7; 무의식적 의미의 10, 75, 76

일차 과정 사고 67

ㅈ

자아-관계성: ~과 살아있음 152; ~과 홀로있을 수 있는 능력 152; ~과 욕망 157, 161; ~과 이드-충동 157-161; ~과 이드-관계성 151, 157, 158; ~과 이드-관계 152, 157, 158; 전이의 모체로서의 156-158; ~과 놀이 157; 엄마와의 관계에서 156

잠재적 공간: ~과 역설 8, 147; 사이의 공간 34

잠재적 의미: 의식에서 69, 70, 77; 꿈에서 69; 경험의 69; ~에 대한 추론 130; ~과 해석 10; 문학에서 69; 발현된 것과 138; 지형학적 모델 130; ~의 추구 76

전능함: ~의 포기 35; ~의 적당한 경험 88; 엄마의 92; ~과 유혹적 환경 118

전언어적 경험: 분석적 제삼자 141; 기호에 토대를 둔 134; ~의 섬세함 89; 꿈 134, 139; ~대 의미 141; 의 본질 133; ~과 상징적 동등시 134; 과 상징 134; 과 전의식 조직 134

전언어적 의사소통: 분석가와 환자 사이 134, 135, 136, 144; 리토위츠 Litowitz 136; 의미 8; 엄마와 유아 사이 134, 135; 기호와 기의 사이의 관계 142
전의식 조직: 프로이트의 관점 134
전이: 분석가를 실제로 경험하는 것 46; ~와 내적 대상 82; ~에 대한 해석 10; 가장자리에 있는 불안의 10; ~의 모체 156-159; ~의 의미 82; ~의 자연스러운 진화 12; ~의 역설 103; 과거의 현재 순간 82; ~의 무의식적 의미 10;
전이의 모체 156-159
정복하는 제삼자 141
정신 기능: 유아의 114-115, 118; 과도한 117, 124, 131; ~과 육체적 살아있음 110; ~과 심리와 마인드 117, 131; ~과 유혹적인 유아 돌봄 118
정신적 변화 ; ~와 알아봐 주는 것 7; 비온 16; ~와 꿈 139; ~의 정서적 작업 15; ~을 촉진하는 7, 15; 프로이트와 클라인에게 11, 14; 존재론적 정신분석에서의 13, 15; 위니캇에게 12, 13
"정신증과 아동 돌봄": 엄마와 아동의 도표 155, 160, 163
제이콥의 방 167
제임스James, W.: 마음 70
제삼의 영역: 홀로 있을 수 있는 능력 158; 경험하기의 147, 158; 놀이의 158; 중간 대상과 중간 현상의 36
존재의 연속성 108, 112-117, 119-126
존재론적 정신분석: ~과 살아있기 11-12; 존재하기와 되기 7, 9, 16, 21, 23, 96, 107, 130, 140; 비온과 11, 14, 15; O의 개념 15; 의미를 창조하기 140; ~과 인식론적 정신분석 7, 9, 11; 페렌지와 16; 심리-신체와 11; 정신적 변화 15; ~대 기법 16; 동사로서의 12; 위니캇과 11, 12
존재하기: 존재하게 되기 9-12, 21, 26, 28, 34, 69-70, 76, 81, 87, 99, 103, 110, 121, 144, 151; ~와 O의 개념 15; ~의 연속성 108, 112-120, 123-132; ~와 안아주기 113, 125-127; ~와 심리-소마 117, 121, 128-130
존재하기와 되기: 살아낸 경험의 중재로 23; 보다 자신으로 16, 76, 140; 존재론적 정신분석과 7, 9, 76, 107, 130, 142; 주체로서 34-35
존재하게 되기 9-11, 20-21, 24, 27, 29, 69, 75, 80, 87, 99, 104, 109, 122, 144, 151
주관적 대상 88
주관성: ~과 계속하여 존재하기 135; ~의 본질 133; ~과 객관성 151; ~과 언어적 상징적 말 137
죽어있음: ~과 살아있음 10, 46, 62, 109, 111
죽음 욕동 68, 152
중간 공간: ~의 경험 32, 55; 환상과 현실 사이 49; 파괴된 엄마와 살아 남은 엄마 사이 34; 역설로서의 39; "쉼의 장소" 36; 중간 대상과 현상 33-39; 일어난 것과 일어났을 까봐 두려운 것 사이 34
중간 대상: ~의 현실성(actuality) 35; 창조하고 발견하는 37-38; 사랑스럽고 신뢰할 수 있는 관계 49; 발달 단계 사이의 33; 환상(fantasy)과 현실 사이의 108, 118; 경험의 형태로서 36; 환상(illusion) 38; 중간 공간 32-40; 놓아주기 38; ~의 의미

35-38; ~과 엄마 49; 발달적 사고가 아닌 35; ~과 전능함 35; ~과 역설 8, 34, 39-40, 147, 149; 주관적인 것과 객관적인 것 사이의 35; 상징 대 실제 35, 49
"중간 대상과 중간 현상" 32-65, 33
중간 현상 32, 38-40, 147, 150; ~과 실제 엄마 118; 창조하고 발견하기 37-38; 발달 단계 사이의 33; 환상과 현실 사이의 108, 118; 경험의 형태로서의 36-37; 환상 38; 중간 공간 32-40; 발달적 사고가 아닌 35; ~과 역설 7; 주관적인 것과 객관적인 것 사이의 35; "제삼의 부분" 36
증상: 형성 134; ~과 프로이트 134; ~의 무의식적 의미 11
지각과 통각 93, 94, 96, 100, 133, 137
지형학적 모델: ~과 인식론적 정신분석 130; ~로부터 독립된 108, 130; ~과 구조적 모델 151; 전의식 체계 134; 위니캇과 46, 128-130, 151

ㅊ

참자기와 거짓자기 39
치비타레제Civaterse, G. 33; 비온의 O에 대해 15
침범: ~에 대해 반응하는 아기 160; 엄마의 ; 심리-소마에 대한 113

ㅋ

카뮈Camus, A. 167
카시러Cassirer, E.: 언어의 철학 139
카프카Kafka,: "시간이 정말 빨리 가는구나..." 167

켈러Keller, H. 141-143
코포릴로Copolilo, H.P. 33
콜타르트Coltart, N.: 예상치 못한 것 62
콰트만Quatman, T. 33
클라인Klein, M.: 홀로 있을 수 있는 능력 154, 158; 죽음 욕동 152; 우울적 자리 41, 148; 발달적 사고 33; 인식론적 정신분석 11; "프로이트 학파" 152; 내적 세계와 외부 세계 158; 내적 대상 154; ~과 해석 11, 14; 감정의 목록 160; 전이 46; 무의식적 내적 세계 11; 무의식적 의미 107; 무의식적 대상 관계 46; 무의식적 환상 11; 위니캇과 구분되는 107; 위니캇에게 말하는 33
클리Klee, P. 176

ㅌ

타자성: 나-아닌 모든 것 137; ~과 나-다움 137
터스틴Tustin, F.: 자폐적 방어구조 95
통각: 과 지각 94, 137
통시적 시간: ~과 홀로있을 수 있는 능력 85, 163; ~과 의식적 사고 134; ~과 정신분석 발달 이론 79; 동시적 시간과의 상호작용 85-86; 분석적 세팅에서 내려놓기 80
퇴행 81-82

ㅍ

페렌지Ferenczi, S.: "능동적 기법" 77; 내부와 외부 세계 158; 해석에 대해 16; 상호 분석 77; ~와 존재론적 분석 16; 경험의 역할 16

페로Ferro, A. 33
페어베언Fairbairn, R.: ~의 창조적 독해 147; 내부와 외부 현실 158; 분열적 방어 구조 95; 전이 46
편집-분열적 자리: 와 상징적 동등시 134
포크너Faulkner, W.: "과거는 죽지 않았다..." 80, 164
폰탈리스Pontalis, J.B.: 해석의 정의 10
폴란드Poland, W.: "증인이 되기" 85, 127
프로이트Freud, S.: 홀로 있을 수 있는 능력 153-154; 무의식의 개념 66-69, 77; ~와 의식적 마음 70, 71; ~와 의식적 이차 과정 134; ~의 창조적 독해 147; das Is and das Ech 10; 사후 작용 82; 발달적 사고 33; 비온과의 차이 14; 페렌지와의 차이 16; ~와 꿈 69; 존재론적 분석 11; 환상 151; 내부와 외부 세계 158; 해석 10; 무의식을 의식화 10; 정신 모델 67; Nachtraglichkeit 82; 감정의 목록 160; 구조적 모델 151; 상징적 의미 10; 동시적 시간 82; 전의식 조직 134; 지형학적 모델 46, 108, 128-130, 134, 151-152; 전이 46; 무의식적 내적 세계 11; 무의식적 의미 108; 위니캇과 다른 107, 128, 158; ~에게 말하는 위니캇 33, 152-154; 이드가 있었던 곳에 자아가 있게 하라Wo Es war, soll Ich werden 10; 늑대 인간 82
"피에르 메나르, 돈키호테의 저자" 167
픽Pick, E.B.: 분석가의 생각할 수 있는 자유 61

ㅎ

해석: 자중하기 12; 비온 14, 15; "영리하고 재치있는" 105; ~의 정의 10; 꿈의 41, 122, 139, 140; ~과 인식론적 정신분석 10; ~대 경험하기 12, 13; ~과 페렌지 16; 경험을 통한 16; ~과 프로이트 10, 14; ~과 클라인 10, 14; ~과 "이해의 한계" 90; 회기의 움직임 125; 성급한 104; 전 언어적 의사소통 135; ~과 랑크 16; ~과 무의식 75; 언어적 10, 135
헤겔Hegel, G.W.F.: 주인과 노예 168
호샤-바호스Rocha-Barros, E.L.: 시각적 상징에서 언어적 상징으로 139
호샤-바호스Rocha-Barros, E.M.: 시각적 상징에서 언어적 상징으로 139
홀로 있을 수 있는 능력: ~과 "실제 엄마" 162-163; "살아있는 방치" 114; 살아 있음과 151; 분석적 세팅과 53, 85, 157, 159; ~과 인정 ; ~과 꿈꾸기 157; 자아 미성숙 154; 자아-관계성 151, 152, 156-159; 자아 지원 154; ~과 외부 대상 세계 151, 156; ~과 공포 148; ~과 이드-충동 159; ~안에서의 이드-관계성 156-158; ~과 내적 대상 150, 151, 155; 전이의 모체와~ 156; 성숙과 정서적 발달 148, 154; 의식적 혹은 무의식적이지 않는 151; ~의 대상관계 이론 153-154; ~과 역설 1, 148-151; ~과 프로이트 153-154; ~과 클라인 154, 158; 개인적 충동 ; ~과 개인적인 삶 159-160; ~의 긍정적 측면들 148; ~과 휴식 160; ~과 몽상 157; 대상의 역할 159-160; ~과 사이의 공간 33; ~과 동시적 시간

164; "제삼의 영역" 158; ~과 세 몸 관계와 두 몸 관계 148-149
"홀로 있을 수 있는 능력" 148-165; ~에 대한 창조적 독해 147; ~과 역설적 사고 148
화이트White, P.: The Solid Mandala 173
환경: 비정상적인 115; "으로부터 자신의 무언가를 되찾다" 92; 좋은 120; 내적 162, 163; 엄마가 살아있는 것으로서의 87, 114, 150, 155, 163; 완벽한 112, 113, 115; ~과 심리-소마 113; 유혹적인 117
환멸: 전능감의 88
환상: ~의 시작 127, 128; ~과 살아있는 128; 의식적 그리고 무의식적 153; ~과 프로이트 153; 공상과 유사한 40; ~과 현실 사이의 공간 49, 108, 118, 131, 158
환상illusion: 주관적 대상으로 엄마에 대한 88; 예상 가능한 것으로서의 엄마의 얼굴에 대한 95; 중간 대상과 현상에서 38
후크Hook, D.: 말하기에서 나I-나me 변증법 140
히니Heaney, S.: "말할 수 없는 것에 대한 공격" 21

abc

K의 개념 15; ~과 O의 개념 16
O의 개념: ~과 살아있음15; 치바테레제 15; ~과 K의 개념 16
So Long, See You Tomorrow 172
The Solid Mandala 173
"This is just to say" 170-171

현대정신분석연구소 총서

◇ 정기 간행물

- 정신분석 프리즘

◇ 대상관계이론과 기법 시리즈

멜라니 클라인
- 멜라니 클라인
- 임상적 클라인
- 무의식적 환상

도널드 위니캇
- 놀이와 현실
- 그림놀이를 통한 어린이 심리치료
- 성숙과정과 촉진적 환경
- 박탈과 비행
- 소아의학을 거쳐 정신분석학으로
- 가정, 우리 정신의 근원
- 아이, 가족, 그리고 외부세계
- 울타리와 공간
- 참자기
- 100% 위니캇
- 안아주기와 해석
- 살아있다는 것의 의미

로널드 페어베언
- 성격에 관한 정신분석학적 연구

크리스토퍼 볼라스
- 대상의 그림자
- 환기적 대상세계
- 끝없는 질문
- 그들을 잡아줘 떨어지기 전에

오토 컨버그
- 내면세계와 외부현실
- 대상관계이론과 임상적 정신분석
- 인격장애와 성도착에서의 공격성

◇ 대상관계이론과 기법 시리즈

그 외 이론 및 기법서
- 심각한 외상과 대상관계
- 정신분석학적 대상관계이론
- 대상관계 개인치료1: 이론
- 대상관계 개인치료2: 기법
- 대상관계 부부치료
- 대상관계 단기치료
- 대상관계 가족치료1
- 대상관계 집단치료
- 초보자를 위한 대상관계 심리치료
- 단기 대상관계 부부치료
- 대상관계이론과 정신병리

◇ 하인즈 코헛과 자기심리학 시리즈

- 자기의 분석
- 자기의 회복
- 정신분석은 어떻게 치료하는가?
- 하인즈 코헛과 자기심리학
- 자기심리학 개론
- 코헛의 프로이트 강의
- 주관성의 구조
- 존재의 맥락

◇ 아스퍼거와 자폐증

- 자폐아동을 위한 심리치료
- 살아있는 동반자
- 아동 자폐증과 정신분석
- 아스퍼거 아동으로 산다는 것은?
- 자폐아동의 부모를 위한 101개의 도움말
- 자폐적 변형

◇비온학파와 현대정신분석

- 신데렐라와 그 자매들
- 애도
- 정신분열증 치료와 모던정신분석
- 정신분석과 이야기 하기
- 비온 정신분석사전
- 전이남기
- 상호주관적 과정과 무의식
- 숙고
- 윌프레드 비온의 임상 세미나
- 미래의 비망록
- 분석적 장: 임상적 개념
- 상상을 위한 틀
- 자폐적 변형

제임스 그롯슈타인
- 흑암의 빛줄기
- 그러나 동시에 또 다른 수준에서 I
- 그러나 동시에 또 다른 수준에서 II

마이클 아이건
- 독이든 양분
- 무의식으로부터의 불꽃
- 감정이 중요해
- 깊이와의 접촉
- 심연의 화염
- 정신증의 핵
- 신앙과 변형

도널드 멜처
- 멜처읽기
- 아름다움의 인식
- 폐소
- 꿈 생활
- 비온 이론의 임상적 적용
- 정신분석의 과정

◇정신분석 주요개념 및 사전

- 꿈 상징 사전
- 편집증과 심리치료
- 프로이트 이후
- 정신분석 용어사전
- 환자에게서 배우기
- 비교정신분석학
- 정신분석학 주요개념
- 정신분석학 주요개념2: 임상적 현상
- 오늘날 정신분석의 꿈 담론
- 비온 정신분석 사전

◇사회/문화/교육/종교 시리즈

- 인간의 욕망과 기독교 복음
- 살아있는 신의 탄생
- 현대 정신분석학과 종교
- 종교와 무의식
- 인간의 관계경험과 하나님 경험
- 살아있는 인간문서
- 신학과 목회상담
- 성서와 정신
- 목회와 성
- 교육, 허무주의, 생존
- 희망의 목회상담
- 전환기의 종교와 심리학
- 신경증의 치료와 기독교 신앙
- 치유의 상상력
- 영성과 심리치료
- 의례의 과정
- 외상, 심리치료 그리고 목회신학
- 모성의 재생산
- 상한 마음의 치유
- 공간의 발견

현대정신분석연구소 총서

◇ 사회/문화/교육/종교 시리즈

- 그리스도인의 원형
- 융의 심리학과 기독교 영성
- 살아계신 하나님과 우리의 살아있는 정신
- 정신분석과 기독교 신앙
- 성서와 개성화
- 나의 이성 나의 감성

◇ 아동과 발달

- 유아의 심리적 탄생
- 내면의 삶
- 아기에게 말하기
- 난 멀쩡해. 도움 따윈 필요 없어!
- 놀이와 현실
- 그림놀이를 통한 어린이 심리치료
- 성숙과정과 촉진적 환경
- 박탈과 비행
- 소아의학을 거쳐 정신분석학으로
- 가정, 우리 정신의 근원
- 아이, 가족, 그리고 외부세계
- 울타리와 공간
- 참자기
- 100% 위니캇
- 자폐아동을 위한 심리치료
- 아스퍼거 아동으로 산다는 것은?
- 자폐 아동의 부모를 위한 101개의 도움말

◇ 자아심리학/분석심리학/기타 학파

- C.G. 융과 후기 융학파
- C. G. 융
- 하인즈 하트만의 자아심리학
- 자기와 대상세계
- 프로이트의 정신분석학

◇ 스토리텔링을 통한 어린이 심리치료 전집

- 스토리텔링을 통한…심리치료(가이드 북)
- 감정을 억누르는 아동을 도우려면
- 강박증에 시달리는 아동을 도우려면
- 마음이 굳어진 아동을 도우려면
- 꿈과 희망을 잃은 아동을 도우려면
- 두려움이 많은 아동을 도우려면
- 상실을 경험한 아동을 도우려면
- 자존감이 낮은 아동을 도우려면
- 그리움 속에 사는 아동을 도우려면
- 분노와 증오에 사로잡힌 아동을 도우려면

◇ 정신분석 아카데미 시리즈

- 성애적 사랑에서 나타나는 자기애와 대상애
- 싸이코패스는 누구인가?
- 영조, 사도세자, 정조 그들은 왜?
- 정신분석에서의 종결
- 자폐적 대상에 대한 정신분석학적 연구
- 정신분석과 은유
- 정신분열증, 그 환상의 세계로 가다
- 사라짐의 의미
- 제4차 산업혁명에 대한 정신분석적 고찰

◇ 초심자를 위한 추천도서

- 멜라니 클라인
- 놀이와 현실
- 100% 위니캇
- 초보자를 위한 대상관계 심리치료
- 하인즈 코헛과 자기심리학
- 프로이트 이후
- 왜 정신분석인가?

현대정신분석연구소 수련 과정 안내

이 책을 혼자 읽고 이해하기 어려우셨나요? 그렇다면 함께 공부합시다!
현대정신분석연구소에서 이 책의 내용에 대한 강의를 들으실 수 있습니다.

현내정신분석연구소는 1996년에 한국심리치료연구소라는 이름으로 창립되어, 국내에 정신분석 및 대상관계이론을 전파하는 선구자적 역할을 해왔습니다.

정신분석을 연구하고 교육하는 기관으로서 주요 정신분석 도서 130여 권을 출판 하였으며, 정신분석전문가 및 정신분석가를 양성하고 있습니다. 또한 부설기관인 광화문심리치료센터에서는 대중을 위한 정신분석 및 정신분석적 심리치료를 제공하고 있습니다.

현대정신분석연구소에서는 미국 뉴욕과 보스턴 등에서 정식 훈련을 받고 정신분석 면허를 취득한 교수진 및 수퍼바이저들로 구성되어 있으며, 뉴욕주 정신분석가 면허 기준에 의거한 분석가 및 정신분석전문가 프로그램을 운영하고 있습니다. 프로그램에서는 프로이트부터 출발하여 대상관계, 자기심리학, 상호주관성, 모던정신분석, 신경정신분석학, 애착 이론, 라깡 이론 등 최신 정신분석의 이론에 이르는 다양한 이론들을 연구하는 포용적 eclectic 관점을 채택하고 있습니다.

프로그램에서 요구하는 요건들을 모두 충족하고 프로그램을 졸업하게 되면, 사단법인 한국정신분석협회에서 공인하는 'Psychoanalyst'와 'Psychoanalytic Psychotherapist' 자격을 취득하게 됩니다. 국내에서 가장 정통있는 정신분석 기관 중 하나로서 **현대정신분석연구소**는 인간에 대한 보다 심층적인 이해를 통해 한국사회의 정신건강에 기여하고자 합니다.

■ 문의 및 오시는 길

서울시 종로구 새문안로 5가길 28(적선동, 광화문플래티넘) 918호

- Tel: 02) 730-2537~8 / Fax: 02) 730-2539

- E-mail: kicp21@naver.com

- 홈페이지: www. kicp.co.kr (홈페이지를 통해 인터넷 강의도 수강이 가능합니다)

* 정신분석에 관한 유용한 정보들을 한눈에 보실 수 있는 **정신분석플랫폼 몽상**의 SNS 채널들과 **현대정신분석연구소** 유튜브 채널을 팔로우 해보세요!

- 네이버 블로그: blog.naver.com/kicp21
- 인스타그램: @psya_reverie
- 유튜브 채널: 현대정신분석연구소KICP
- 페이스북 페이지: 정신분석플랫폼 몽상

QR코드로 접속하기